EVERYTHING YOU KNOW IS

WRONG

/理\财/篇\

李 鹏 ◆ 编著

H.P.H 哈尔滨出版社
HARBIN PUBLISHING HOUSE

图书在版编目（CIP）数据

你知道的都是错的.理财篇/李鹏编著.—哈尔滨：哈尔滨出版社，2009.1

ISBN 978-7-80753-445-7

Ⅰ.你... Ⅱ.李… Ⅲ.①科学知识—普及读物②私人投资—通俗读物 Ⅳ.Z228 F830.59-49

中国版本图书馆CIP数据核字（2008）第173805号

责任编辑： 李金秋　　李英文

封面设计： 远流图文工作室 赵兴华

版式设计： 远流图文工作室 陈　亮

你知道的都是错的——理财篇

李　鹏 编著

哈尔滨出版社出版发行

哈尔滨市香坊区泰山路 82-9 号

邮政编码：150090　营销电话：0451-87900345

E-mail：hrbcbs@yeah.net

网址：www.hrbcbs.com

全国新华书店经销

沈阳市佳麟彩印厂印刷

开本 720×960 毫米　1/16　印张 13　字数 150 千字

2009 年 2 月第 1 版　2009 年 4 月第 2 次印刷

ISBN 978-7-80753-445-7

定价:22.80 元

前言

《圣经》上说："不要和上帝争论。"因为在上帝面前我们总是错的。想想看，20多年前，比尔·盖茨说个人电脑只需要512兆内存就足够了；50多年前，登月似乎遥不可及；100年前，在天空翱翔似乎永远只是一个梦想；200年前，人们认为自己是上帝创造的；700年前，人们说大西洋的另一侧是深渊，有着巨型鲸鱼出没；1000年前，人们认为地球是方的，大地是平的；更早的2000年前，亚里士多德想当然地认为大石头小石头下落的速度不一样……人们凭借自己的感官和经验得出的这些结论，如今看来有些不可思议。今天，人们仍然依赖自己所知道的东西生活着，坚信自己所知道的一切都是对的。然而，事实并非如此。你知道的未必就是正确的，未必就是真理，有时候可能就是幻象，就是错的。

在投资领域中有这样一句话："市场总是错的。"可这并不意味着我们就是对的，可笑的是人们都想当然地把自己知道的当成正确的，于是有了在浆糊盆里翻跟头——越翻越黏糊的感觉。证券市场从成立之初就注定了这是一个少数人赚钱的地方。我们忘不了5年漫漫"熊"途中那一双双疲惫而绝望的眼睛，也忘不了连续5个跌停后交易大厅里新股民抱头痛哭的场面，更忘不了暴跌之后追逐价值投资的投资者却遭遇了蓝筹股短期腰斩的痛苦。

当面对跌入谷底的证券市场，我们无法得知那些投资者是一种什么心情，无奈？苦笑？还是迷茫？一个问题萦绕在每一位投资者的脑海中，"为什么我总是错的？投机也不行，投资也不行，获利了结也不行，坚定持有也不行?!"可又有谁想到了自己所知道的到底是错是对呢？在理财方面又何尝不是如此？

和人生一样，股市就是一个培养错误理念的地方。只有不断地收获错误、发现并改正错误你才有可能成功，重要的是如何去发现这些错误。有些错误之所以一错就是几十年，并以讹传讹地延续下来，除了受到外界——包括媒体的宣传、意识形态的灌输等等的影响之外，很大程度上在于个人单纯地活在自己的执念中。那些所谓的“理所当然”、“本该如此”和“基本常识”在人们的脑海里太根深蒂固了，以至于我们将其误解成正确的。当我们再通过这些看似正确实则错误的观念去投资理财，其结果可想而知，难免就做了错事。

《富爸爸，穷爸爸》一书说：“使你富有的不是金钱而是资产。”我们也可以说：“使你富有的不是金钱而是观念。”改变观念不是一蹴而就的，不仅需要时间，还需要勇气，因为否定自己曾经知道的一切并非那么容易，但观念的改变会使人变得聪明，使我们在变化的事物中发现无限获益的机会。

本书除了列举了一些普遍存在于人们脑海里的错误观念之外，诸如等有了钱再投资、购买黄金饰品来投资黄金、高收入会带来富足、任何时候投资都不晚等，还有一些股票、基金、期货投资方面人们常犯的错误，如买对就能赚、价值投资就是长期投资、好公司就是好投资、追涨杀跌等等。也许书中的这些观点你并不认同，但它们一定会给你一些提醒，可能还会告诉你为什么错误总是发生在自己身上。

的确，我们在上帝面前总是错的。可在没有上帝的时候，就不要再跟自己较劲了。重新去认识那些约定俗成的、你曾经认为正确的，而实际上并未给你带来多少好处的观念。当你通过改变自己而有所收益的时候，不要停下自己的脚步，应当继续审视你曾知道的一切。因为，你还会知道得更多，也许它们就是错的。

030 >> 藏品越老越值钱

许多人都认为，年代越久的收藏品就越值钱。但在收藏界有这样一句话：当时就很值钱的东西，现在仍会很值钱；当时不值钱的东西，现在还是不值钱。

033 >> 艺术品总是越藏越值钱

艺术品投资最大的错误就是只藏不露，只藏不流，没有流通性的藏品一文不值。只进不出的收藏是一种自虐式的收藏。不要忘了这句话："没有卖不掉的货，只有卖不掉的价。"

037 >> 以黄金饰品来投资

黄金作为一种金融投资产品，具有相对稳定的价值，但并不是所有的黄金产品都具有保值投资功能。黄金首饰的主要功能是装饰，而非保值升值，难以实现回报。

042 >> 投资类保险产品相当于银行存款或者基金

尽管"保险的本质在于保障而非投资"的呼声居高不下，但投资类保险正逐渐成为人们理财生活的一部分。事实上，许多投保人也知道投资类保险有一定风险，但对风险究竟在哪里并不十分了解，而盲目追求高回报也使一部分人忽略了潜在的风险。要记住，保险的核心功能是人人可以买到足够的意外、健康和养老等等保障，切忌通过保险赚钱。

045 >> 投资保本产品等于零风险

保本的诉求的确很合投资人的心意，保本产品也确实有它存在的价值，但投资人有必要去了解这类产品的投资风险，同时根据自己的风险承受能力选择适合自己的理财产品。任何投资的风险跟收益都是成正比的，能否保本、能保多少本，这跟很多因素比如汇率、通货膨胀率等有关，保本并不等于零风险。

048 >> "预期收益"越高越好

"预期收益"与"实际收益"完全是两码事。预期收益总是看上去很美，可再美也仅是个预期而已，两者的关系正如"期房"和"现房"之间的差异，并非总是令人满意。

051 >> 基金只赚不赔

基金的风险是从一开始就有的，而不是从赔了才有的。从来就没有稳赚不赔的神话，只不过是牛市的推动作用使它看起来像个神话而已。

053 >> 购买明星基金

好基金就像好学生，好学生将来学习成绩好的可能性相对更大一些。但必须指出的是，基金投资不等同于学习，市场热点是不断变化的，基金业绩也会呈现出波动性，每只基金都有可能在一段时间内业绩领先，而成为明星基金，盲目购买明星基金有时候收益并不如你想象中那样理想。

055 >> 新基金比老基金有利可图

不少投资者在买入的基金净值出现较大增长后卖出，再买入新发行的、净值只有 1 元的基金。这可以说是愚蠢透顶的做法。投资人“喜新厌旧”的心理使许多投资者失去了长期增值的机会。

058 >> 基金收益就是赚净值价差

只要基金即时价格略高于初始购买价，在计算交易费用后，就急不可待地赎回，这是众多投资者的通病。在实际的基金投资过程中，那些长期投资者的投资收益明显高于进行基金净值价差套利的投资者。因此，将基金投资收益定位在赚取基金净值的价差上，并不会给你带来收益。

060 >> 用投资股票的方式投资基金

“低买高卖”是股市中股票投资者应遵循的赢利原则，但若将这样的股票操作手法套用在投资基金上，就大错特错了。因为基金投资是一个长期的投资过程，在这个过程中，基金的净值是会随着市场的波动而波动的，它的投资收益不可能一步到位、立竿见影。

062 >> 通货膨胀、税收和成本对投资影响不大

任何一笔交易都有可能涉及到佣金或是税金，有时候两者都会涉及。在你进行交易前，一定要仔细、认真地考虑。把钱投入到一个充满变数的市场之前，要认真地考虑风险在哪里？赚钱的障碍是什么？如果将通胀、税收和各种成本因素都考虑进来，你会发现有些投资组合根本就不赚钱。

064 >> 炒股制订计划无济于事

许多人认为，炒股无法订计划。事实上，如果没有一项可靠的计划，你的投资会混乱无比，这和生活一样，计划你的交易，交易你的计划才是胜利的根本。

066 >> 用价格来判断一只股票是否值得投资

投资者最普遍追踪的信息是股价，但它却是投资者所能追踪到的最没有价值的信息。因为他们时常将价格误认为价值，所以当一个本质好的公司其股价在回档过程中，他们也不敢贸然买进。

072 >> 高价股难涨

不是所有投资者都喜欢“高空作业”的，高价股之所以高价与它们优良的经营业绩有较大的关系，只要上市公司经营业绩能够出现不断增长，其股价也会水涨船高，高价股也就值得投资。

074 >> 大量购买每股单价极低的股票

没有人相信驴能追上千里马，但却总有人相信低价股会帮他们赚钱。很多人认为以 100 股或 1000 股的整手数买入较多的股票是更为聪明的做法，因为他们觉得会因此赚更多的钱，这就好像驴越多越能跑过千里马一样可笑。你要记住，你需考虑的不是买了多少股，而是投进了多少钱。股票和其他商品一样，没有千金，是买不到千里马的。想要跑赢千里马，除非你坐在马背上。

078 >> 低价意味着低风险

“1 元的基金或股票，能让我损失什么?”这是许多投资人的想法。低价的特性会使炒作成本下降，容易引起主力的关注，容易控制筹码，由于比例的效应，低价股上涨时获利的比率更大，获利空间与想象空间均更广阔。然而，如果你面对的是一群“坏孩子”，情况会怎样? 绝不要简单地以为低价就意味低风险，有时候，“坏孩子”会带来更大的风险。

080 >> 好企业就是好投资

好企业就和美女帅哥一样受人追捧，要价都很高。你可能要等待很长时间，才会有利润。而对于投资来说，长时间不仅是巨大的成本，更意味着风险，你无法预期很长的时间会发生什么变故。

087 >> 买对就能赚

经历了股市上的大涨和大跌，不少人会这样感慨，其实我买的还是挺对的，就是没有卖。可你要记住股市中的一句话：“聪明的不是你买到了什么好股票，而是看你什么时候离开了它?”

093 >> 始终寻找热门股

绝大多数投资者都知道凯恩斯著名的“选美理论”，然而他们都没有成为像凯恩斯那样的大师。一个真正成熟的投资者知道，“选美比赛”是一种不良的投资习惯，因为总得看别人“脸色”行事的投机行为要长期成功，几乎是不可能的。

100 >> 跟庄有肉吃

投资者都在追求这样一种境界——跟着庄家一起吃肉。也许你有过成功的经历，但失败的经历会更多，这是必然的规律。从整体上说，跟庄炒股的成功率小于赌博，也小于闭着眼睛做期货。

103 >> 价值投资就是长期投资

价值投资不等于长期投资，当你手中的股票价格远远超过其内在价值时，就应该抛掉，而与你持有的时间长短没有任何关系。

108 >> 长期投资绝不会赔钱

不管是理财经理还是基金广告，无一例外地向我们宣传：你想不赔钱吗？长期投资吧。仿佛每一项投资只要沾上“长期”二字，利润就会滚滚而来。问题的关键在于，并非所有的投资都适合长期，而是那些有一定回报率的投资，才能使财富增长。

113 >> 预测股市

珍妮·迪克森夫人曾经成功预言了美国总统肯尼迪将遇刺，即便如此，她也无法准确地预测未来的一切。但是，对于证券分析师的公司长期增长和增长期间估计值，却还是有些人深信不疑。林奇在《成功投资》中阐述：假设你真的能够预测股市，你也未必能够赚到钱。因为，让你赚钱的其实不是大势，而是你投资的某一只股票。

120 >> 高水平股市分析可以帮助投资者赢利

别相信那些所谓高水平的股市分析和专业的股评家，巴菲特一直都奉劝人们最好远离股评家。他的哲学是尽量多地了解事实、了解不了则绝不相信任何宣传——这才是投资金箴。

122 >> 相信正确的投资理念

相信正确的投资理念有错吗？没有错。但真理是相对的，此时是真理，彼时也许就变成了谬误。

129 >> "内部消息"是赚大钱的途径

"内部消息"总能令投资者特别兴奋，但巴菲特说："就算有足够的内部消息和100万美元，你也可能在一年内破产。"

134 >> 时刻都去考察投资业绩

股市中最悲哀的人不是赔了钱的人，而是那些时刻被钉在电脑前看投资业绩的人。这种悲哀是永远的，因为他们时时刻刻被市场被股票所炒却犹然未知。你要记住，不要时刻不停地监视自己的投资业绩！因为短时期的涨跌会影响到自己的判断，从而轻易否定自己的判断，后市常被证明改变是错误的。

136 >> 用金钱来衡量价值

投入多少不能用金钱来衡量，而是要用时间来计算。而且在时间和金钱这两项资产中，时间是最宝贵的。金钱能够储蓄，而时间不能储蓄。金钱可以从别人那里借，而时间不能借。人生这个银行里还剩下多少时间也无从知道。因此，时间更重要。

139 >> 不要把鸡蛋放在一个篮子里

"把你的财产看成是一篮子鸡蛋，把它们放在不同的地方：万一你不小心碎掉其中一篮，你至少不会全部都损失。"这是经典的鸡蛋篮子论述，但事实真的如此吗？鸡蛋和几个篮子，都谈不上问题的关键。真正聪明人的做法是，把鸡蛋放在一个篮子里，然后看管好那个篮子。

145 >> 追涨杀跌

每一位投资者都懂得“低买高卖”这一制胜法则，然而对风险的恐惧往往会影响投资者的判断力，以至于无法作出恰当的决定，最后人云亦云地抢进杀出而犯了“追涨杀跌”的大忌。

147 >> 卖涨捂跌

许多投资者都怕涨不怕跌，于是他们陷入了卖涨捂跌的恶性循环。涨了想落袋为安，而输的时候却坚持到底。

149 >> 快速换手能获得可观的利润

在别的行业，你越勤劳，收获就越多。股票投资则刚好相反，你做得越多，收获就越少。

151 >> 试图选择市场时机

市场时机的选择是一个空前的神化，没有一种策略能够持续不断地告诉你，何时该入市，何时清仓离场，而且也没有人能够做到这一点，否则就会有市场选时服务机构向你兜售生意了。

153 >> 以大盘的涨跌来判断投资的好坏

投资者最大的错误就是把现在的股价和公司前景完全混淆在一起，除非他们是短期寻找 20%回报的炒客，但短期炒作与投资却是两回事。

155 >> 爱上自己的股票

千万别爱上自己的股票，因为股票在低位时是印钞机，在高位则是吃人不吐骨头的老虎机。

159 >> 营利目标越高越好

营利目标并不是越高越好。在金融投资市场中，如果你没有目标，那么你就在为别人的目标而努力奋斗。

162 »过去的行情证明自己是对的，将来也会

一次成功的交易不仅会令你信心大增，还证明了你的投资眼光与能力。与此同时，它也会使你陷入“爱上自己想法”的陷阱中，而这正是我们有时候不能赚钱的心理原因。

165 »只有冒大险才能赚大钱

成功企业家厌恶风险，成功投资者也是一样。规避风险是积累财富的基础。与学者们的论调截然相反的是，如果你去冒大险，你更有可能以大损失而不是大赢利收场。

173 »企业财务报表用处不大

提到企业财务报表，许多投资者会认为这是专业人士才能看懂的“天书”。然而正是这本“天书”可以清晰地反映上市公司的未来收益能力。

176 »补仓可以摊平成本

如果有人向你说，补仓可以摊平成本，你可以马上离开。在牛市中，也许你能不断尝到甜头，反之，你很有可能摊不平成本，反而把自己摊平了。

179 »房产是最牢靠的投资

买房子并非毫无风险，有时房产的收益也未必如你想象中那样丰厚。投资房产不要光看到诱人的账面金额，更要充分考虑房产变现能力差、家庭抗风险能力低的隐患，谨慎而为。

188 »依赖指标投资权证

选择权证若仅依赖指标，实属本末倒置之举，投资权证最重要的仍是对走势及价格的判断，单纯依赖指标来选择目标，很可能导致严重失误。

190 »交易活跃的权证值得投资

换手率只是判断走势的一个指标而已，绝不是万能灵药。

No!

等有了钱再投资

你不必等到自己有了钱之后才开始投资，即使你没钱投资，比如失业或年龄太小还不能就业，或者一无所有，你也可以投资。就股票而言，当你拿不出钱购买股票时，你完全可以做一些选股游戏，这是没有风险的、非常好的训练方法。要知道，想当飞行员的人都是先到航空模拟器上训练，在没有真实空难的情况下从错误中学习飞行技术的。

许多工薪阶层或中低收入者都有这样的想法：投资只是有钱人的事，与自己的生活无关。他们认为，每月固定的工资收入应付日常生活开销就差不多了，哪来的余钱投资呢？“等有了钱再投资”实在是太多人的想法。然而他们不知道，自己在等待变成有钱人的日子中，大量本可以“据为己有”的金钱已经流失，况且，人要怎么界定自己“有钱”呢？人永远不会觉得自己“有钱”，或有足够的钱。

这个世界上从来不缺少有雄心壮志的人，但资本限制了许多“将来的有钱人”，可事实真的如此吗？浏览一下福布斯世界富豪排行榜，你会发现许多出身草根的巨头。他们是如何让自己令人瞩目的帝国腾空而起的呢？这些离不开他们的努力与奋斗，当然，还要有一点点好运气的眷顾。

客观地讲，少数出身名门望族的幸运儿也许比那些没有背景的人有更好的机会成为巨富。但还有一些人从最开始一无所有，比如大企业家红苹果集团的老板约翰·卡西马蒂斯最开始时，并没有多少钱来投资，卡西马蒂斯只是一个餐馆服务员的儿子，1966年，他高中毕业以后进入零售店产业。他与曼哈顿一家小型超市的店主相处甚好，于是开始承担更多的责任。四年之后，这家店主给了他一家店50%的股份，不过要在10个月内每月交1000美元才能得到这些股份。于是在短短几个月之内，商店的销售翻了一番，卡西马蒂斯还每周赚取500美元的利润（对于那个时候的20岁年轻人来说不错了）。他在还差八个学分的时候放弃了纽约大学的学位，开办了自己的零售连锁店，也就是红苹果集团。他缺少上货的运营资金，卡西马蒂斯却以自己的魅力令供货商答应赊账购买，他说："当今这世道再也没有这回事了。"25岁的时候，他已经拥有了10家零售店，以2500万美元的销售额达成100万美元的利润。今天红苹果集团包括了格里斯特德、斯隆和红苹果。

卡西马蒂斯年少得意，而其他像桑迪·威尔这样的人也在狂飙猛进之前节省每一个铜板。桑迪·威尔1933年出生在纽约布鲁克林一个波兰移民的家里，他从康奈尔大学毕业以后在贝尔斯登当推销员，晚上就为股票经纪人的资格证书奔忙。几年之后的1960年，他和三个朋友凑了一笔钱——大概20万美元——开办了他们自己的股票经纪公司，名为卡特—贝林德—威尔公司。进行了20年的收购之后，他们的旅行者集团成为业界第二大的经纪业务公司，仅次于美林。1998年之后，旅行者集团与花旗公司合并，现在以花旗集团的名号而为人所知。

有一个大地主，有一天，他将他的财产托付给三位仆人保管与运用。他给了第一位仆人500个金币，第二位仆人200个金币，第三位仆人100个金币。地主告诉他们，要好好珍惜并妥善管理自己的财富，等到一年后再看看他们是如何处理钱财的。

第一个仆人拿到这笔钱之后作了各种投资；第二位仆人则买下原料，制造商品出售；第三位仆人为了安全起见，将他的钱埋在树下。一年后，地主召回三位仆人检视成果，第一位及第二位仆人所管理的财富皆增加了一倍，地主甚感欣慰。唯有第三位仆人的金钱丝毫未增加，他向主人解释说："唯恐运用失当而遭到损失，所以将钱存在安全的地方，今天将它原封不动奉还。"

主人听了大怒，并骂道："你这懒惰的仆人，竟不好好利用你的财富。"不善利用财富等于浪费金钱，浪费了天赋资源。这个故事告诉我们，第三位仆人受到责备，不是由于他乱用金钱，也不是因为投资失败遭受损失，而是因为他把钱存在安全的地方，根本未好好利用金钱。大多数人也像这个仆人一样不善于利用手中的财富。

老派的实物交易也帮助农民之子、华尔街巨人柯克·科克莱恩出现在了人们的视野中。20世纪30年代后期，科克莱恩提出为著名女飞行家潘科·巴恩斯照看家畜，作为回报他可以学习飞行。二战期间，他为英国皇家空军效力，把在加拿大工厂里的飞机转运到英格兰，当时的报酬是每月

1000美元——这是极为危险的工作，因为飞机并非为经受远程飞行或者北大西洋上方恶劣的气候而设计。1947年，他用战时工作积攒下来的6万美元收购了特兰斯国际航空公司（不清楚他是否需要额外的资助）。他后来将其股票以1.04亿美元卖给了环美航空公司，支撑起未来的投资。现在他的私人投资公司特拉辛达拥有米高梅53%的股份。

如果有人告诉你：即便没有钱，你也可以进行投资，甚至会取得很不错的回报。你可能会付之一笑，不以为然。然而，上述的例子的确是事实，而非故弄玄虚。不要认为那些报纸、电视、网络等媒体的理财方略是服务少数人理财的“特权区”，不论贫富，投资都是伴随人生的大事，在这场“人生经营”过程中，你该时刻牢记这句话，越穷的人就越输不起。

<<【事例】

成为有钱人就必须先有钱

在古代的巴比伦城里，有一位名叫亚凯德的犹太富翁，因为金钱太多的缘故，他闻名遐迩。而使他成为一位知名人士的另一原因，就是他慷慨好施，他对慈善捐款毫不吝啬，他对家人宽大为怀，他自己用钱也很大方，可是，他每年的收入仍大大超过支出。

一些童年时代的老朋友常去看他，并问他：“亚凯德，你比我们幸运多啦！我们大伙儿勉强糊口的时候，你已成为巴比伦的第一富翁，你能穿着最精致的服装，你能享用最美味的食物。我们若能叫我们的家人穿着可以见人的衣服，吃着可口的食物，我们就觉得心满意足了。然而，幼年时代的我们，都是一样的，我们都向同一个老师求问，我们玩相同的游戏。那时无论在读书方面或在游戏方面，你都和我们一样，毫无出众之处。幼年时代过去以后，你也和我们一样，大家都是同等的诚实公民。然而现在，你成了亿万富翁，我们却终日不得不为了家人的温饱而操心奔走。根据我们的观察，你做工并不比我们更勤劳，你做工的忠实程度也未超过我们。那么，为什么多变的命运之神，偏偏要叫你享尽一切好福气，偏偏不给我们同样的福气呢?”

于是亚凯德规劝他们，说道：“童年以后，你们之所以没有得到优裕生活，是因为你们不是没有学得发财原则，就是你们没有实行发财原则。你们忘记了：财富好像一棵大树，是从一粒小小的种子发育而成的。金钱就是种子，你越勤奋栽培，它就长得越快。”

【解读】>>

你不必等到自己有了钱之后才开始投资，即使你没钱投资，比如失业或年龄太小还不能就业，或者一无所有，你也可以投资。首先想要成为有钱人你就必须先有钱。这句话听起来有些矛盾，不过可以仔细想想，这就好比农民种花生，要想获得更多的花生，必须要先有一粒种子，将它埋入土中，给它阳光、水，还有足够的耐心，慢慢地等待花生发芽、出苗、长大；等它成熟再收获，来年再拿出更多的花生做种子，选更多的好地方，付出更多的劳动，再收获更多的花生，周而复始，这就是真正的农民对待花生的态度。投资也是一样，无论你手中的钱是多少，它都有可能是一颗财富的种子，把它种植在适宜的土壤里，你必将有所收获。可大多数人却不是这样做的，他们对增加收入束手无策，毫无计划，明知道收入有限却任由支出增加，不仅不从收入与支出之间挤出钱来储蓄，还持续拉大收入与支出的距离。换句话说，大多数人都把财富的种子“吃”掉了，而真正的农民一般是不会把作为种子的花生吃掉的，因为这太奢侈了。

到底是什么吃掉了大多数人的种子呢？每个月领薪日是上班族最期盼的日子，可能要购置家庭用品，或是购买早就看中的一套服饰，或是与朋友约好去玩一番……各种生活花费都在等着每个月的薪水进账。在当今各类消费资讯诱人的蛊惑下，大多数人争先恐后地抛弃“以俭为德”的古训，大踏步走进“举债消费”的行列，有许多刚刚走出校门的年轻人，更是成为“负债消费一族”的主力军。其实绝大多数人在旺盛的消费欲望和繁重的还债压力的双重挤压之下，月收入往往被折腾得精光。他们敢于

"花明天的钱、花他人的钱"来享受自己潇洒而奢侈的生活。因为消费欲望的驱使，他们不但花得两手空空，甚至还负债累累。

对于那些"月光族"来说，克制自己的消费欲望是最重要的。你可以试试"先储蓄再消费"，每月在领到薪水时，先把一笔钱存入银行（如零存整取定存）或购买一些小额国债、基金，"先下手为强"，存了钱再说。这样，一方面可控制每月预算，以防超支；另一方面又能逐渐养成节俭的习惯，改变自己的消费观甚至价值观，追求精神的充实，不再被花花世界所迷惑。这种"强迫储蓄"的方式也是你积攒"种子"的开始，好好学习一下农民的做法，他们总是将自己的收成留出一部分用于来年的耕种。因此，还是让"储蓄"先于"消费"吧！有了"种子"，就是收获的开始。

有了种子，种在哪里？

经过一段时间的积累，你的账户已经有了一笔小积蓄，首先要恭喜你不再是"月光族"，要知道，一般人很难做到这一点。好了，现在要做的是如何使你手中的这粒不太饱满的种子发芽，并茁壮成长起来。你当然会说：把它种在土里。是的，可你会把它种在什么地方呢？

早些年中国人习惯于把钱存在银行，靠利息来增加财富，可你什么时候听说过一个没钱人可以只靠银行利息成为有钱人？利息在通货膨胀的侵蚀下，实质报酬率接近于零，对于短期来说，这笔钱是安全的，但长期而言，很可能无法补偿税收及通货膨胀的损失。因此，你要明确一件事，把钱存在银行不能叫做投资，那只能称为储蓄。

以收藏的方式投资获利。这倒是个不错的选择，只要你有专业的知识、独到的眼光，再加上一点点运气，你很有可能从中获利，关于这方面我们将在后面的章节提到。

买一所房子或一套公寓也是很有利的投资方式。而且较其他投资方式有两大优点：一是在等待升值的期间内，你可以住在里面；二是你可以借钱买房。

再有就是买债券。这也是个风险极小的投资方式，而且要比投资股票有保障。

说到投资也许大家第一个想到的是炒股。许多投资大师也把买股票看成是最好的投资方式，如果你投资于名马或各种名贵宠物，你还要喂养它，而股票不用；股票也不会像一些古董车那样需要时常维护……就股票而言，就算你现在拿不出足够的钱来购买股票，你完全可以作一些选股游戏，这是没有风险的非常好的训练方法。要知道，想当飞行员的人都是先到航空模拟器上训练，在没有真实空难的情况下从错误中学习飞行技术的。

【总结】>>

即使你现在可用于投资的钱不多，但只要像农民种庄稼一样，埋下一粒种子，精心培育它就有可能收获多多。现代人对投资常有“因小而不为”的错误观念，以为只有存了大钱后，才能投资。事实上，影响未来财富的关键因素，是投资报酬率的高低与时间的长短，而不是资金的多寡。投资的关键，在于如何提高投资报酬率及如何比他人更能长期持有，资金多固然能够加速致富，但不是一个决定性的因素。

或许你也曾考虑过要投资，却又因为金额太小，打消了这个念头，这么一来，你失去了提升个人投资技巧的宝贵机会。投资的重点，不是看“赚了多少钱”，而是看“以什么样的投资报酬率”赚钱。例如，以10万元的本金，一年赚了5000元和以1万元的本金，一年赚了2000元相比，前者虽然赚得较多，但是其投资报酬率只有5%，可算是个差劲儿的投资；而后者虽然赚得钱较少，但投资报酬率高达20%，可称得上是个好投资。假以时日，后者的本息将远远超过前者。因此，越早投资越好，可让有限的资金发挥效果，创造惊人的财富。

有人或许会想，若身上只有几千元或几万元如何投资呢？事实上，现代金融市场发达，投资单位分得很细，1万元左右就可买一张价位较低的股票，几千元就能投资共同基金，未来不动产也朝证券化发展，总之，未来小金额的投资工具必定推陈出新。因此，手中一有短期用不到的闲置资金，即使是几千元或几万元，就应开始投资。

现在身无分文的人，或预见未来收入不多的人，请不要妄自菲薄、轻言放弃投资，富人或高收入者，固然已站在有利的投资起跑点，目前资产不多或收入不丰的人，更应该了解投资及投资的途径，以优质的投资来弥补资金的不足，凭借投资来改善一生的财务状况。

再说，出身贫寒、收入微薄的人，若能好好靠投资致富，此生将更有成就感。西方有句名言："将一副好牌打好没有什么了不起，能将一副坏牌打好的人，才值得钦佩。"你若真的一点儿钱都没有，就得想办法开源节流，存点儿钱再投资。切记，有一点儿钱便可以开始投资：初期的钱少，致富的过程可能较为漫长而艰辛，但依然可以达成目标，而且这种奋斗的历程较为可贵。

钱是永远不知道疲倦的，关键在于你是否能正确驾驭它。如果你很早就开始储蓄并投资，当你存到一定程度之后，会发现你的钱会自动满足你所需的生活花费。这就像有幸生在一个好人家，有一个富有的亲戚每月会固定送上生活所需一样，你甚至不需寄感谢卡，或是在他们生日时去应酬他们，这不正是许多人梦寐以求的吗？此时，你完全可以经济独立，做想做的事，去想去的地方，让你的钱留在家里，代你上班赚钱。当然，如果你没有及早储蓄，并且每个月拨出固定一笔钱作投资，那么这一切将永远只是一个梦想。

No!

任何时候投资都不晚

许多成功者告诉我们，成名要趁早，投资亦然。从许多成功致富的人身上可以看出时间就是金钱，年轻就是财富。但你要记住，投资是年轻人的工作，而年迈后的工作是如何善用财富。

以色列流传这样一个故事：拉比（智者）阿基瓦曾是一个贫苦的牧羊人，直到40岁才开始学习，但后来却成为最伟大的犹太学者。传说阿基瓦在40岁之前什么都没有学过，在他与一个富有人家的女儿结婚之后，新婚妻子催他到耶路撒冷学习《律法书》。阿基瓦怕受人嘲笑不肯去，妻子把一头背部受伤的驴子牵来后，用灰土和草药敷在驴子的伤背上，然后他们把驴子牵到市场上。第一天，人们都指着驴子大笑。第二天又是如此，但第三天就没有人再指着驴子笑了。

再来看看英国作家多丽丝·莱辛，2007年瑞典皇家科学院将诺贝尔文学奖授予英国作家多丽丝·莱辛，当时她已经是88岁高龄的老人了。多丽丝·莱辛1919年10月22日出生于伊朗，后随父母移居非洲。她小时候读了大量的文学作品，后进入法律事务所上班。到了26岁时，有一天，她突然向老板说：我要离职了，准备去写小说。于是，莱辛从此开始了她的写作生涯，她曾两次结婚并离异，共有3个孩子，移居英国时她囊中如洗，直到《青草在歌唱》出版，她已30岁了。之后，她又写了几部作品，但并未走红，直至88岁，双眼变得像老核桃时，终于获得诺贝尔文学奖。

我们都信奉这样一句话：每个人都可以创造史诗，只要你起步，行动，任何时候都不晚。的确，无论什么事，只要开始都不会晚，只要你有恒心、耐心等等，但有一件事，绝对不能开始得太晚，那就是投资。

时间的长短在投资进程中是非常重要的，因为它直接决定了投资者的投资行为、投资收益。对于年轻人来说，事业处于起步阶段，经济能力尚可，家庭或子女的负担较轻，收入大于支出，风险承受能力较高，投资期限越长，收益也就越大。而到了老年阶段，一般没有额外的收入来源，主要依靠养老金及前期投资收益生活，风险承受能力比较小，而且投资期限不会很长。这个时候再选择投资，恐怕并不是一件明智的事情。

<<【事例】

5岁的商人

你见过5岁的商人吗？不要以为这是摆噱头，千真万确，美国亿万富翁沃伦·巴菲特就是。当然，严格地说，5岁的巴菲特还只是个摆摊的小贩。

沃伦·巴菲特1930年出生于美国西部一个叫做奥马哈的小城。父亲霍华德·巴菲特因为投资股票而血本无归，家里生活非常拮据，为了省下一点儿咖啡钱，母亲甚至不去参加她教堂朋友的聚会。

看着父母每天为衣食犯愁，5岁的巴菲特产生了一个执著的愿望：他要成为一个非常非常富有的人。那年，巴菲特在家外面的过道上摆了个小摊，向过往的人兜售口香糖。后来，他改为在繁华市区卖柠檬汁。难得的是，他并不是挣了钱就花，而是开始积聚财富。

7岁的时候，巴菲特因为患盲肠炎住进医院并手术。在病痛中，他拿着铅笔在纸上写下许多数字。他告诉护士，这些数字代表着他未来的财产："虽然我现在没有太多的钱，但是总有一天，我会很富有。我的照片也会出现在报纸上的。"一个7岁的孩子，用对金钱的梦想支撑着自己被疾病折磨的痛苦。

9岁的时候，巴菲特和拉塞尔在加油站的门口数着苏打水机器里出来的瓶盖，并把它们运走，储存在巴菲特家的地下室里。这可不是9岁少年的无聊举动，他们是在作市场调查。他们想知道，哪一种饮料的销售量最大。他还到高尔夫球场上寻找用过的但可以再用的高尔夫球，细心地把它们按照牌子和价格整理出来，再拿到邻居那儿去卖，然后他从邻居那里拿提成。巴菲特还和一个伙伴在公园里建高尔夫球亭，生意很是红火了一段。巴菲特和拉塞尔还当过高尔夫球场的球童，每月能挣 3 美元。

少年时代的巴菲特有一本爱不释手的书——《赚到 1000 美元的 1000 招》，这本书用一些白手起家的故事来激发人们创造财富的欲望。巴菲特沉醉于创业成功者的故事，想象着自己未来的成功景象：站在一座金山旁边，自己显得多么渺小。他牢记书中的教诲：开始，立即行动，不论选择什么，千万不要等待。

巴菲特 11 岁那年，他被股票吸引住了。他从做股票经纪人的父亲手里搞来成卷的股票行情机纸带，把它们铺在地上，用父亲的标准、普尔指数来解释这些报价符号。他果断地以每股 38 美元的价格为自己和姐姐分别买进 3 股城市设施优先股股票，在股价升至 40 美元时抛出，扣除佣金，获得 5 美元的纯利。看着这具有历史意义的 5 美元，巴菲特感到想象中的金山离自己越来越近了。到了高年级，学校里的许多人都认为巴菲特是股票专家，就连老师也要从他那里了解一些股票的知识。

13 岁，巴菲特成了《华盛顿邮报》的发行员，并因此成了纳税人。到 1945 年，14 岁的巴菲特就把 100 美元投资到了一块 40 英亩的土地上。到高年级的时候，巴菲特和善于机械修理的好朋友丹利开始在理发店里设置弹子机，他们和理发店的老板五五分成，生意非常好，市场不断扩大。但是，巴菲特并没有被利润冲昏头脑，他总是很冷静地在较为偏僻的地方选址，以防地痞流氓控制他们的生意。

1947 年，巴菲特中学毕业时，在 370 人的年级里排名第十六。威尔森年鉴上对巴菲特的评价是：喜欢数学，……是一个未来的股票经纪家。

1949 年夏天，巴菲特离开了沃顿，到内布拉斯加大学去读书。实际上，巴菲特在内布拉斯加大学只是一个名义上的学生，他一边干着全时的工作，一边打桥牌，一边却拿到了学业成绩 A。他的积蓄也有了 9800 美元。

后来的事情大家都知道了，沃伦·巴菲特成为美国一个神话般的人物。和历史上同时代的大富豪，如石油大王洛克菲勒、钢铁大王卡内基，还有后来的软件大王比尔·盖茨相比，巴菲特不同凡响，其他人的财富都是来自一个产品或者发明，而巴菲特却是个纯粹的投资商。他从事股票和企业投资，迄今已经积累了166亿美元的财富，并成为美国投资业和企业的公共导师。

<<【解读】

也许你认为像沃伦·巴菲特这样的人毕竟是少数，但无数人的成功都证明了一点，投资越早，收益也就越大。被人誉为股票世界“股圣”的彼得·林奇11岁时开始了球童工作，在当时，即便是在经济发达的美国，但人们的意识也还是相对保守，对股票业并不很信任，视股票市场如赌场，把买股票等同于赌博行为，虽然这时股票上涨了3倍，原本林奇也是这样想的，但球童的经历开始让林奇逐渐改变了看法，增强了赚钱意识，虽然他那时并没有钱去投资股票。大学的时候，林奇有了一笔不小的收入。他决定用这笔积蓄进行股票投资，小试牛刀。他从积蓄中拿出1250美元投资于飞虎航空公司的股票，当时他买入的价格是每股10美元。后来，这种股票因太平洋沿岸国家空中运输的发展而暴升。随着这种股票的不断上涨，林奇逐渐抛出手中的股票来收回资金，靠着这笔资金，他不仅读完了大学，而且念完了研究生。

对于想投资的人来说，什么时候开始投资是一个问题。按照西方比较流行的观点，越早开始投资，就越容易创造出预期数目的财富。虽然50岁时再开始投资，仍有希望达到预期目标，但这比早些开始投资要艰难得多。

举一个最普通的例子，比如你在20岁的时候开始，每个月投资67元，若年平均收益率为11%，那么在你65岁的时候可以得到100万元。换言之，为了获得一笔100万元的资产，一个20岁的人在这45年中将投资不到37000元；如果在你30岁的时候才开始投资，那么你为了在65岁时得到100万的资产，你每个月就得投资202元；要是一直等到40岁时才开始投资，那么一个人为了在65岁时得到100万元的资产，他每个月就需要投资629元；如果一直等到50岁才开始投资，要想在65岁时获得100万元的资产，每个月就得投资2180元。

投资与健康一样，都是越早越好。支气管哮喘在不重时就注意控制，一年只需300多元；但不及时控制，一年住两三次医院，则需花费3—4万元；一期乳腺癌的5年生存率超过95%，治疗费用平均只需1万元左右，而四期乳腺癌的5年生存率只有16%，治疗费用超过10万元。这其中的道理是显而易见的。但事实是，我们绝大多数的人都只在年轻时注重眼前的生活享受，总认为年轻时应尽情享乐，年老时再去考虑投资。这和我国90%以上的医疗资源都花在了晚期疾病的治疗上一样，不仅治疗效果大打折扣，还大大增加了社会和家庭的经济负担。

许多成功者告诉我们，成名要趁早，投资亦然。从许多成功致富的人身上可以看出：时间就是金钱，年轻就是财富。你要记住，投资是年轻人的工作，而年迈后的工作是如何善用财富。

【总结】>>

1998年6月30日，法国世界杯提前迎来了巅峰之战，八分之一决赛中阿根廷与英格兰这对老冤家再次相遇，比赛进行得异常激烈，贝克汉姆在下半场因踢人被红牌罚下，致使英格兰队以10人应战11人，最终点球失利。赛后，他受到了国内舆论的强烈谴责。不过，对于当年仅有23岁的贝克汉姆来说，这次红牌事件让他在足球赛场上更加健康地成长起来。2002年韩日世界杯上，身披7号战袍的贝克汉姆再次出现在世界杯的赛场上，并在小组赛对阿根廷队的比赛中打入一个点球，帮助英格兰队1：0战胜了四年前曾害得自己吃红牌的对手。2006年德国世界杯，贝克汉姆以队长身份带领英格兰出征世界杯。贝克汉姆用三次出色表现为英格兰带来了三场胜利，英格兰能够进八强，他可谓居功至伟。同时，他也成为英格兰队历史上第一位在三届世界杯中都有进球的队员。

当然，还有一位比贝克汉姆还要伟大的球星，他就是齐达内。在21世纪初的足球场上，齐达内就是“上帝”的代名词。他的盘带、传球，包括他在足球场上的一切，都足以成为范例写入足球教科书中。第18届世界杯中，34岁的齐达内带领法国队冲入了最后的决赛，与意大利相遇。这本是齐达内发挥得极为出色的一场比赛，开场后他打进了一个美妙的“勺子”点球。加时赛上半时，他的头球攻门几乎得手，但与一个理想的结局擦肩而过。然而，当比赛进行到110分钟时，令全世界人都感到惋惜的事情发生了，齐达内头撞意大利后卫马特拉齐而领到一张红牌，不得不离开比赛场地。就这样，一代大师的最后一战以争议和遗憾收场。

所有球迷绝对想不到这位久经沙场的老将，竟然会犯这样的错误，以致断送法国队，齐达内拿自己的情绪与自己的足球生涯开了个玩笑，这样黑色玩笑的意义似乎注定了齐达内终究难成绝世英雄，他只能在遗憾中回味自己的成功与失败。

足球是一门艺术，也是一门学问！在足球赛场上，任何人都会犯错，球星也不例外。贝克汉姆与齐达内的区别就在于，贝克汉姆还有时间犯错，齐达内已经没有了。人生不也如此，年轻最大的资本就是可以犯错。

有这样一句话：“趁年轻，赶紧犯错”，这话用在投资上也是一样的。无论你是投资股市、基金、外汇，还是自我创业，所有的路都不是一帆风顺的，没有失败过的人，怎么能够成功。成功的路上，都要伴随着失败，成功总是需要失败的经历。成功的经验正是来自无数次失败的经验。时刻都要记住，越早投资越能为自己赢得时间，时间才是最宝贵的。应该趁着年轻，大胆地去犯错，等到年老的时候，你要么无错可犯，要么没时间犯错，这个选择全在于你自己。

No!

理财就是投资

很多人认为理财就是投资，就是要赚钱，这是对理财的误解。理财的最终目的不仅是为了赚更多的钱（赚钱是投资的最终目标），而是通过运用各种理财工具，实现我们的个人与家庭的目标，这些目标可能是购车、购房、孩子出国、养老等等。理财是为了使我们的生活更安全、更美好。

很多人把理财理解成投资。确实，现在不管是银行还是证券公司、投资公司、保险公司和其他一些社会公司，纷纷打着理财的旗号行投资之实，天长日久，在人们的心中，理财就变成了投资。其实，投资只是理财的一个方面，但不是理财的全部。

理财是一种战略，注重的是资产的布局，通过各种资产的互补，以实现家庭财务的平稳发展；投资则是战略的运用，是理财规划的具体执行，仅仅是理财的一个部分而已。如果把理财比做旅行的话，则需首先要明确你现在在哪里（目前的经济状况），要到哪里去（将来的理财目标），如何到目的地（实现目标的手段和步骤）。投资只是实现理财目标的一个手段而已，理财则是一个系统规划。

因此，理财的基本前提是回顾资产状况，设定理财目标。一方面要对自身资产按有关类别进行盘点，包括金融性资产（银行存款、债券、保险、股票、基金等），固定资产（房产、汽车等）；另一方面又需明确理财的目标，如购房、买车、偿债、教育等均可设定为理财目标。

更为重要的是，在选择投资渠道时，需要根据个人及家庭的实际情况进行决策。如果一个人把大部分资金投入股市，而没有考虑家庭责任，此时就有点儿偏离自身能承受的范围，也就是说，投资未能服从理财的系统规划，就是失败的。

理财是善用钱财，使个人以及家庭的财务状况处于最佳状态，从而提高生活品质。顺利完成学业、美满的婚姻、悠闲的晚年，这一个个生活目标构筑成的完美人生旅程。在实现这些生活目标的时候，金钱往往扮演着重要的角色。如何有效地利用每一分钱，如何及时地把握每一个投资机会，便是理财所要解决的。

实际上，理财包括生活理财及投资理财两个部分。所谓生活理财，主要是通过设计一个将生命周期都考虑在内的生活计划，将人们未来需面对的各方面事宜进行妥善安排，以保证未来的生活水平。而投资理财，则是在生活目标得到满足以后，追求投资于股票、债券、金融衍生工具、不动产以及艺术品等投资工具时的最优回报，促进个人及家庭资产增长，从而提高生活水平和质量。

人生漫长而复杂，在这多变的人生历程中，人们将会遭遇各类风险。成功的理财能够通过风险规避和转移手段，尽可能地将损失降到最低。生活就像一条小溪，流水是我们的财富，花草是我们的生活质量。丰润的溪水可以养育美丽的花草，打理好我们的财富则会拥有幸福的人生。

No!

高收入带来富足

高收入未必能带来富足，更不能保证把你变成富翁。真正的富翁很少挥金如土，他们往往“视土如金”，并且从不为错误的钱而工作。富人的秘密，不在于他们拥有较多的金钱，而是他们的收入都属于持续性收入。因此，他们有时间将金钱花在他们想花的地方。

美国著名研究者托马斯·史丹利和威廉·丹克曾经针对美国身价超过百万美元的富翁进行了一项非常有意思的调查。在这次调查中，他们发现，一些高收入的人很少成为富翁，真正的富翁通常是那些低支出的人。托马斯·史丹利和威廉·丹克的调查名单中的富翁们很少换屋，很少购买新车，很少乱花钱，很少乱买股票，而他们致富的最重要原因就是“长时间的收入大于支出”。

在美国另外一项对富翁生活方式的调查中，也发现了同样的情况，这些富人的消费十分冷静，近一半的人会到仓储式的商场去购买散装的家庭用品，在去超市之前都有一个购物清单。这样做不仅会省钱，可以避免冲动购物，而且如果有清单，他们在商店购物的时间就会非常少。他们宁愿节约时间用于工作或与家人在一起，也不愿在超市胡乱地走来走去。

大众之所以羡慕富翁是因为在想象中，他们可以享受更精致的生活甚至挥金如土。但如果真正进入富翁的世界，你会发现，成功的富翁很少挥金如土。相反，他们往往有“视土如金”的倾向。这个结论看来再简单不过，却是分隔富人和穷人最重要的界限，任何人违背这条铁律，就算收入再高、财富再傲人，也迟早会被摔出富人的世界。任由门下三千食客坐吃山空的孟尝君、胡乱投资的马克·吐温，当然还有无数曾经名利双收却挥霍滥赌乱投资的知名艺人，都是一再违背“收入必须高于支出”的铁律之后，千金散尽。更妙的是：一旦顺应了这条铁律，散尽家财的人也可东山再起。

<<【事例】

高收入带来高支出

法国小说家福楼拜笔下的包法利夫人，虽然对致富一事毫无建树，但对如何花钱，却有独到的看法。包法利夫人出身贫穷的农家，从小就中了爱情小说的毒，认为爱情不存在于寻常人家，而是贵族生活的产物。为了得到爱情，她想方设法地使自己跻身于一个有“盛宴、马车和庞帕德尔式挂钟”的世界。

爱玛（包法利夫人）长大后，嫁给了镇上的包法利医生。但婚后，爱玛发现平庸老实的包法利根本满足不了她对人生的设想。虽然包法利医生在努力笨拙地满足着爱玛的各种要求，把家从乡镇搬到县城，再从县城搬到城里。

但城里那珠光宝气的舞会成了爱玛的海洛因。她不但开始向奢华挺进，更开始向“浪漫”大踏步地前进。当华尔兹的音乐响起，子爵带着爱玛穿梭于舞池的时候，她注视着他脸上柔和的线条，心想：这才是我应该生活的圈子。

她挥金如土，追求奢华，为了使虚荣心得到满足，她购买昂贵的信封和信纸，模仿流行杂志里的贵妇化妆。为了高级的绸缎礼服、为了巴黎的奢侈品，包法利先生的祖产因此而花光了。

为了取悦情人莱昂，她疯了似的到处借钱，最后终于债台高筑。到最后，她还不出钱来，放下所有的高傲与尊严，找莱昂、罗多菲……而这些曾经口口声声说爱她的男人，在这个时候却无情地回绝了她，把这个可怜的女人逼上了绝路。

【解读】>>

打开包法利夫人的收支平衡表，那些血淋淋的数字，不也控诉着我们平日“血拼”的暴行？那些来自包法利先生的哀鸣，听起来不也十分熟悉？在今天，像包法利夫人这样勇于消费的女性不但不会自杀，反而成为时髦女性的表率，这都要感谢广告的全面胜利和 20 世纪出现的信用卡。

在削减开支和努力提高现有生活水准之间，现代人多数会选择后者。他们永远都想要更好的车、更大的房子、更高的薪水。而一旦得偿所愿，他们很快就又变得不满足。学术界将之称为“享乐适应”或是“快乐水车”。当升职或是新房新车带给我们的兴奋逐渐消退时，我们又会开始去追求别的东西，如此周而复始。大多数人收入增加时只有一个处理方式——花掉！他们对立即的满足有着强烈欲望。

你知道美国有多少家庭年收入 500 万？答案是在近 1 亿个家庭里不到 5000 户，约 1/20000。多数千万富翁一年赚不到 50 万，多数在 50 岁以后才成为千万富翁，而且多数都很节俭。事实上，如果他们年轻时便挥霍无度，也就不可能成为千万富翁。每一家商业机构，无论规模大小，都会利用公司上下所有员工、设备、生产工具，全年不停地运作生产，它这样做，都是为了一个必然的目标，就是每年年终可以创造“利润”。“利润”就是指扣除公司所有成本，包括税项及一切开支后剩余赚取的。资金对于企业如同血液对于人体。它告诉我们，即便一个已发家者手中拥有一定数额的资金，如果把钱用于盲目消费，而不愿意用来周转，那么对于未来的事业来说，就像人体有了充分的血液，但心脏已经坏死，不再能够促进血液循环一样，其事业也会静止不动而死亡。在现代商场上，经营者手中的钱，虽与资本在本质上有一定区别，但其运作形式却是一致的。只有把手中的钱合理地运用到经营活动中，才能获得更高的效益，赚到更多的钱。所以要想使自己的优裕生活得到保障，就不应一时心血来潮，盲目花费。

记住王尔德那句精辟的话：唯一的必需品就是非必需品。

<<【事例】

穷是因为人为错误的钱而工作

有两位年轻人，名叫柏波罗和布鲁诺，他们住在意大利的一个小村子里。两位年轻人是最好的朋友，他们渴望有一天能通过某种方式，让他们成为村里最富有的人。一天，村里决定雇两个人把附近河里的水运到村广场的水缸里去。这份工作交给了柏波罗和布鲁诺。两个人都抓起两个水桶奔向河边。一天结束后，他们把整镇上的水缸装满了。村里的长辈按每桶水一分钱的价钱付钱给他们。

“我们的梦想实现了！”布鲁诺大喊着，“我简直无法相信我们的好运气。”

但柏波罗不是非常确信。他的背又酸又痛，提那重重的大桶的手也起了泡。他害怕明天早上起来又要去工作。他发誓要想出更好的办法，将河里的水运到村里去。柏波罗的计划就是修一条管道将水从河里引进村里。

布鲁诺却不这样认为，他说：“我们有一份很不错的工作。我一天可以提 100 桶水。一分钱一桶水的话，一天就是 1 元钱！我是富人了！一个星期后，我就可以买双新鞋。一个月后，我就可以买一头母牛。六个月后，我可以盖一间新房子。我们有全镇最好的工作。我们一周只需工作五天。每年还有两周的有薪假期，我们这辈子可以享受生活了！放弃你的管道吧！”

但柏波罗相信他的梦想终会实现，于是他就去做了。布鲁诺和其他村民开始嘲笑柏波罗，称他“管道人柏波罗”。布鲁诺赚到比柏波罗多一倍的钱，炫耀他新买的东西。他买了一头驴，配上全新的皮鞍，拴在他新盖的两层楼旁。他买了亮闪闪的新衣服，在乡村饭馆里吃可口的食物。村民尊称他为布鲁诺先生。当他坐在酒吧里，为人们买上几杯，而人们则为他所讲的笑话开怀大笑。

当布鲁诺晚间和周末睡在吊床上悠然自得时，柏波罗还在继续挖管道。

一天天、一月月过去了，管道终于完工了。村民们簇拥着来看水从管道中流入水槽里，现在村子源源不断地有新鲜水供应了，附近村子的人都搬到这个村来，村子顿时繁荣起来。管道一完工，柏波罗便不用再提水桶了。无论他是否工作，水都会源源不断地流入。他吃饭时，水在流入；他睡觉时，水在流入；当他周末去玩时，水也在流入。流入村子里的水越多，流入柏波罗口袋里的钱也就越多。

【解读】>>

人们贫穷的原因，在于他们为错误的钱而工作。如果你为了工作收入而努力，你是永远不会富有的。工作所带来的高收入能使你富有，这是穷人的思维。每个人都想要一份高收入的工作。他们以为，如果他们买了一座大房子，就会使他们富有。大房子本身没有错，但是大房子不会使你富有。

看看上面著名的管道故事，想想现在的你是谁，提桶者？还是管道建造者？你是否认为找一个高收入工作就会使自己富有，就像故事里的布鲁诺一样？或者你做一次工作，然后一次又一次地得到回报，就像管道建造者柏波罗一样？前者是在为了错误的钱而工作，当你停止提桶时，收入也停止了。即是说“有保障的工作”或“梦想的工作”的概念只是一个幻觉。提桶的潜在危险在于，收入是暂时的，而不是持续的。柏波罗聪明得多，他建立了自己的管道，也就是一份资产，从而使钱源源不断地流进自己的口袋。

如果你有一份资产，即使你不工作，你的收入也会继续增长。世界上的富翁即使不工作，也会使钱流入他们的口袋，所以那些富翁们越来越富有。这是因为他们建立了越来越多的资产，他们买的资产越多，他们就可以买到生活中更多的好东西，这就是他们富有的原因。而绝大多数人都没有意识到这一点，于是他们变得越来越穷。

你必须知道自己要为哪一种收入而工作，也就是你是想成为柏波罗，还是布鲁诺。如果你像95%的人那样，每天起床上班，为了工作收入而努力，你就会遇到没有足够的钱的问题。我们的建议是：不要为工作收入而努力，而要为被动收入和投资组合收入而努力。

干一天的工作，拿一天的钱。听起来熟悉吗？无论你是年收入仅一万元的洗碗工，还是十万元的医生，你都是用一个单位的时间换一个单位的钱。至于“工作保障”——如果你因为被解雇、疾病、受伤而不能工作，工资也会停止。哪里还有什么保障呢？

人们贫穷的原因不在于他们赚了多少钱，而是他们管理他们现金流的方式。许多人都认为，努力工作取得成果，收入一定会越来越多。的确如此，但富有的不是他们自己，而是他们的老板。因此，高收入未必能带来富足，更不能把你变成富翁。真正的富翁很少挥金如土，他们不仅“视土如金”，而且从不为错误的钱而工作。富有的人的秘密，不在于他们拥有较多的金钱，而是他们的收入都属于持续性收入。因此，他们有时间将金钱花在他们想花的地方。

<<【总结】

一个家庭需要几个收入来源才足以维持？现在，如果没有两个以上的收入来源，很少有家庭还能正常生活。而未来，即使有两个收入来源可能也不足以维持。富有的人早就意识到一件事：高收入未必能带来富足，只有持续性收入才能使他们生活得更好。

持续性收入是一种循环性的收入，是一种不管你在不在场，有没有进行工作，都会持续流进你口袋里的收入。由工作薪资所产生的收入就属于单次收入。就算你收入再高，你付出的努力只能收到一次回报，而如果你没有到场或进行工作，就不会收到薪资。持续性收入则不然，你只要努力工作一次，就能在之后的几个月，甚至几年内，不断稳定地产生收入。你所花费的心力将使你不断地获得回报。如果你在每个小时中所做的工作，都能获得数百次的报酬，那不是很棒吗？

如果你以持续性收入的角度来检视他人的生活，会发现许多人并不如外表看起来那么富有。医生们由他们的诊所赚到的不是持续性收入，他们的收入成长空间是有限的。他们每天能诊断的患者数量是固定的，而且他们必须要到场看诊，才会产生收入，这种收入属于单次收入。顶尖的业务人员、教师或是律师等，也都是相同的状况，从事这些工作的人们并没有享受到持续性收入带来的好处。看起来似乎很富有，但是其实跟一般人一样，每天都在为工作而忙碌。

你只有通过建造持续收入的管道，才能把生活变得更好。有了持续性收入，你只要工作一次，就可以不断得到报酬。一天一天、一年一年，无论你是否在那里工作，都会有回报。现在那就是保障——真正的财务保障。记住这句话：贫穷，来自花费大量的精力却只能产生一点点成果；富有，则来自花费少量的精力而产生大量的成果。

No!

没有负债生活得更好

没有负债不是什么值得炫耀的，反而证明你对自己的生活是不负责任的。为什么不想想，负债和投资其实是伙伴呢？不负债的生活只有这样的可能——挣多少钱就只能过多少钱的日子；把收入都用于生活、消费，没钱投资，错失取得高额回报率的机会——永远为生活奔忙。然而作投资决策时，你要意识到，当投资收益率高于贷款利息率时，负债就是利用别人的钱赚钱。

随着生活水平的提高，债务似乎已理所当然地成为我们生活中的一部分，层出不穷的房贷、车贷、卡贷，使我们尽享E时代的便利与优越，只须臾片刻，我们便享受到本该10年后才会拥有的快乐。但许多人都觉得欠着钱过日子，心里总是有负担的。当我们成为车奴、房奴和卡奴而负债的时候，将会面对什么样的生活？当月供超过我们自身收入50%的时候，还能开心地、毫无负担地工作吗？负债使我们失去了钱、失去了自由、失去了时间、失去了赚钱的机会和创业的勇气。有人这样比喻：收入好比河流，财富是水库。而隐藏的债务，就是阻碍生活之流的一根最主要圆木，只有移开它，水面才能流动，河道才能畅通。要想摆脱困境，答案只有一个，就是控制债务、清偿债务，做到无债一身轻，重新找回财务自由、生活自由。

这样的观点我们不敢苟同，没有负债不是什么值得炫耀的，反而证明你对自己的生活是不负责任的。为什么不想想，负债和投资其实是伙伴呢？但不欠债的生活只有这样的可能——挣多少钱就只能过多少钱的日子；把收入都用于生活、消费，没钱投资，错失取得高额回报率的机会——永远为生活奔忙。其实，你完全可以选择这样的生活——适度负债，释放一部分现金，利用投资的回报率抵消负债的利息，负债不但没压力，还会因为进行了合理投资而变得“引人入胜”。

负债和投资其实是伙伴。投资理财的最高境界是“举债投资”。而银行的功能，则是提供给不善理财者一个存钱的地方，好让善于理财者利用这些钱去投资赚钱。“举债投资”是一项投资致富的重要手段，尤其对一些想要加快创造财富速度的投资者而言，“举债投资”是一项不可忽略的利器。

【事例】>>

举债投资的美国人

美国是世界上经济最发达的国家，在2004年人均收入就已经突破三万美元。这么富有的国家自然富人也不在少数，每年《福布斯》评出全球富豪榜名单中，美国富人都占据50%左右。而且，美国富人拥有的总资产额最多，掌握着高达2万亿美元的资产，远远超出其他国家。

自1991年以来，美国经济连续强劲增长，使富人的数量急剧增长。据纽约大学的一项统计，从1989年到1995年的6年间，美国拥有百万财产的家庭数量没有多少变化，保持在300万左右，而从1995年到1998年的3年间，却新增了百万富翁大约100万名，千万富翁和亿万富翁的队伍也迅速壮大。

按照常人的想象，这些富人应该过着衣食无忧，不愁没钱花的生活。但事实正好相反，尽管这些富人如此富有，但身背的债务却日益沉重。美国富人最近五年来所欠的债务总额不仅逐年增加，而且所涉及的领域也日益繁多，住房贷款、抵押再贷款和信用卡债务等无所不包，其中拥有信用卡债务的富人家庭的比例更是高达14%。这就意味着美国有些富人已经身无分文，成了真正的“负人”。

但这些“负人”却丝毫不把债务放在心上，依然出没于高级的饭店酒楼，似乎他们对自己偿还所欠债务的能力胸有成竹。与普通人欠债的原因不同，这些美国富人所欠债务逐年增加主要是出于投资战略的考虑，利用近年的超低利率借钱生财是他们借债的主要出发点。也就是说，这些富人之所以借这么多钱，主要还是为了投入生产，赚更多的钱。

<<【解读】

为什么美国是最富的国家，也是负债最多的国家？美国富人用借来的钱为自己赚取了更多的资产，使得负债变成资产。这也告诉了我们一件事，资产就是负债的同时，反过来，负债也是资产。所以，过着负债的日子，并没有什么不好，用负债来做投资决策时，只要意识到，当投资收益率高于贷款利率时，负债是利用别人的钱赚钱。

再来看看这些美国富人是怎样做的？实事求是地讲，美国富人的生活一般不太奢侈。美国人的消费观念主要是“务实”。消费品对于美国人来说，够用是第一位，质量是最重要的，至于在哪里买的，什么牌子，多数美国人并不在乎。这样的消费观在富人阶层同样适用。美国富人崇尚“必需品买最好的，不吝啬钱；非必需品买便宜的或少买，不浪费钱”，这就保证了富人的生活标准与普通人没有太大区别，生活支出只占收入很少的一部分。

美国的富人不惜抵押个人资产大举借钱的目的只有一个——抓住商机，赚取更大的利润。还有一点，美国的利率相当低。这就意味着美国人可以支付很少的利息就能获得大量贷款，有钱人自然不会放弃这个能挣钱的机会。

从金融机构获得低息贷款后，美国富人将大量的资金都投入到房地产领域。据英国《泰晤士报》报道，2005 年第一季度，美国房地产市场，特别是纽约曼哈顿区的楼价飙升。该区住宅的平均楼价已升至 100 万美元。而根据美国著名的房地产公司埃利曼公司进行的调查显示，近两年来，曼哈顿的楼价正以每年 42.4%的惊人速度上升。2005 年头 3 个月，除了哈林区外，曼哈顿岛上楼盘的平均成交价为99.89万美元，较上一季度升10.6%，打破了去年第3季度所创的92万美元纪录。同时，农场和牧场也成为美国富人近年来的投资新热点。这些富人购买到农场后，没有亲自经营这些农牧场，而转给私人银行或信托公司代管。投资者的获利主要来自农作物和畜产品的收益。美国银行表示，该行私人银行部门管理的农场和田地面积近年来快速增长，现已超过200万英亩。据行内人士估计，美国农牧场投资的净回报率介于3%至7%。如果投资100万美元，在扣除各项费用后，每年最多可获7万美元的现金收益，这相对于飘忽不定的美国股市来说，收益相当可观了。

美国富人将大量的资金都投入到房地产、期货和股票市场。业内人士估计，按照美国目前的经济发展形势，这样的投资会带来至少30%的收益，其中房地产市场的收益会更高，这似乎正是富人们乐意看到的。

在财务学中，举债被称为“财务杠杆”。所谓杠杆，简言之就是以小搏大、四两拨千斤，举债投资就是借用他人的钱，从事更大额的投资。如果这个工具运用得宜，当然可以以小赚大；但反之，如果运用不当，则演变成以小钱赔大钱的局面。当投资回报率高于贷款利率时，杠杆投资会使投资回报率上升；当投资回报率低于贷款率时，投资回报反而因举债而下降。因此，投资者在决定是否举债投资时，首先要考虑的是借钱的用途是什么，投资的回报率是否高于贷款率。另外，有些投资在短期内难有表现，甚至下滑，投资者就需要耐心等候。重要的是，投资者应能在最坏的情况下，仍有足够现金收入来支付借贷本息，即是说要有按时偿还本息的能力。

【总结】>>

借钱来投资到底合适吗？我们的长辈经常告诫我们，不要向别人借钱，也不要借钱给别人。但在现实社会当中，试问哪个做生意的人不曾举债呢？而且一般而言，越会赚钱的人，借的钱也就越多。虽然不举债也能理财致富，但举债得当可以加速致富。

阿基米德曾说过："给我一个支点，我可以将整个地球撬起。"延伸到财务杠杆上，可以这样说："借我足够的钱，我可获取天下财富。"举债也被称为"财务杠杆"。举债投资是神奇的工具，但务必妥善运用。这时应坚守借贷的两大原则：第一，期望报酬率必须高于贷款利率；第二，在最坏的情况下，必须有足够的现金还本付息。

李先生研究生毕业工作三年，积累了 29 万元资金。首付 10 万元买了总价 50 万元的房子一套，余款 40 万元采用等额本息还款法 20 年还清，每月还款 2753 元，一年后即现在，房产升值为 60 万。购买了一辆价值 13 万的轿车，该车折旧后现值为 10 万。4 万元用于基本的装修，家用电器共 2 万元，现金支付 1 万，其余 1 万元利用信用卡的免息期进行分期付款。29 万元中的最后 1 万元资金作为自己的日常备用金。

李先生对股票市场非常感兴趣，他决定开始对股票市场投资，可是融资融券业务的真正落实尚需时日，手上没有余钱，怎么办？面对股票市场高额的收益率，他自己算了一笔账发现，扣除贷款的利息成本及手续费用之后，股票的净收益仍很高，值得贷款进行投资。通过典当行进行贷款不仅程序简单，快捷，而且相对银行贷款的难度低，所以李先生以其北京牌照的小轿车为抵押向当地的典当行申请贷款，经过典当行的评估，该车价值为 10 万，所以他申请到了 8 万元的贷款，并投入股票市场，进行短线操作，目前 8 万元已经升值为 16 万元。

这一年以来，李先生也没有出现过资金周转问题。通过以上情况看，李先生的财务状况关于负债考量的各种比率都在参考值范围内，财务状况基本安全，既不存在偿债危机，也不存在资金的周转问题，而且充分利用了其资金的杠杆效应，使资金得到了较好的增值机会，同时自己也享受了舒适的生活。

不要害怕举债，必须明白借贷能载舟亦能覆舟。你要记住，银行的功能是向不善理财者提供存钱的地方，以便于善于理财者运用这些钱去投资致富。

对于常见的贷款方式，我们给出了以下几个建议：

1. 购车贷款。最好不要采用。因为汽车贷款的利率很高，而且除了商用车外，它完全属于消费品，没有投资报酬率可言。当然除了那些世界顶级限量名车以外。从理财角度，不适于贷款消费。

2. 信用卡。也是典型的消费型贷款。信用卡贷款的利率高达10%以上，美国有很多家庭因此而破产。无法克制消费欲望的人，最好不要用信用卡。我们可以因其方便而使用它，但永远不要因其可以赊账而使用。

3. 购房贷款。这是极为正确的举债投资工具。房地产的平均报酬率高达10%以上，而贷款利率约为6%，符合举债投资的第一个原则。但也要注意，应根据自身的经济实力选择这一理财工具，即注意自己的举债行为是否符合第二个原则。如有些房产广告讲，你只要有300万元，就能拥有价值1000万元的房子。但别忘了，贷款700万固然很好，可每月还要负担7万多的本息。若没有考虑这一点，恐怕会因付不起本息，而被迫以低价卖出，结果未享举债投资之利，反而深受其害。

4. 贷款投资基金。投资基金的平均报酬率高达15%以上，而贷款利率约为6%，符合举债投资的第一个原则。但也要注意，应根据自身的经济实力选择这一理财工具，即注意自己的举债行为是否符合第二个原则。如果违背基金投资的原则，频繁短线操作，则会发生利润还不够支付手续费的情况。如果贷款期限为一年，而持有一只绩优基金也是一年，那么，基金投资的回报就足以支付贷款的利息，并且还有不少的盈余。

5. 举债投资股票。股票市场风云变幻，虽说投资回报率很高，但它也伴随着极大的风险，关于是否需要举债投资股票，我们所能给予的建议就是要谨慎再谨慎。

如果你已决定举债投资的话，接下来的问题就是：你该举多少债？这是个相当重要的问题。因为举债太多，风险太大，反之又不能充分发挥举债的效益。近几年来，全国各地房产市场非常红火。在这个市场上，造就了不少富翁。在财富效应的驱动下，有一些投资者开始举债投资，购买多套房子以期资金增值，于是出现了许多“负翁”。日本、中国香港地区的房产泡沫的历史教训告诉我们：超负荷的过度投资，往往是财务危机的罪魁祸首。因此，首先你要考虑到自己收入的稳定性：举债的利息不论你投资赚钱与否，都必须按时支付。若你的收入来源不稳定，则有可能无法按时支付固定的利息，因此不适合过高的举债。其次，评估一下你的个人资产，拥有较多的可作为贷款抵押品的资产，可获得较高的贷款。此外你还要考虑到投资的报酬率、通货膨胀率以及市场利率水准。一般而言，如果市场利率下降，银行资金宽松，不但投资者容易借到钱，且财务杠杆的利益也很高。因此，当利率下降时，就是投资者考虑举债的最佳时机。

对于你来说，是否准备举债投资还要考虑自己承受风险的能力。有很多人忽视了自己的风险承受能力，过度的投资。不仅将自己的房产抵押，甚至不惜借利息很高的钱买基金，这种风险是非常巨大的。投资基金是家庭资产配置中的一部分，尤其是股票型基金要作好长期投资的准备，千万不要抱着赌博的心态进行投机，一旦市场下跌，这部分投资者会因为放大了资金杠杆而遭受大额亏损。

总之，合理地举债投资不仅可以使自己的资产长期地稳定增长，而且还可以加快增长的速度。借别人的钱来赚自己的钱又何乐而不为呢？

No!

藏品越老越值钱

许多人都认为，年代越久的收藏品就越值钱。但在收藏界有这样一句话：当时就很值钱的东西，现在仍会很值钱；当时不值钱的东西，现在还是不值钱。

艺术品收藏将成为最赚钱的投资产业——《财富》杂志曾做出的著名断言。艺术品投资的利润率，几乎可以说是已知投资（诸如金融证券、房地产、保险等等）之中最大、最稳定的。行内人都认可“粮油是一分利，百货是十分利，珠宝是百分利，古玩是千分利”的说法。有统计资料显示，按一般情况看，各类投资的年均投资回报率中，金融证券为15%，房地产为21%，艺术品收藏则为30%左右。

任何人都可以投资艺术品，只要你想收藏的话都可以买到艺术品，除此之外如果你看看市场，如果你把它视为一种资产类别的话，它实际上也是一个非常好的投资类别。艺术品收藏必须要有三种能力：一是辨识能力，即眼力加知识，这需要终身学习，它是“越老越值钱”的；二是经济实力，即财力加胆识，可以利用闲钱进行艺术品投资，去参与它、享受它，提高自己的眼力；三是收藏活力，即眼光加见识，眼光是判断未来的能力，见识是了解艺术市场的背景。

很多收藏爱好者认为，年代越久的收藏品就越值钱。其实不然。在收藏界有这样一句话：当时就很值钱的东西，现在仍会很值钱；当时不值钱的东西，现在还是不值钱。藏品的收藏价值主要体现在历史文化价值、稀缺程度和工艺水平上。比如一些远古陶器，尽管有数千年的历史，但因其存世量大、制作粗劣，其价值远远低于后世的一些精稀藏品。汉代、唐代一些存世量很大的铜钱，今天在市面上不过几毛钱一枚，而一些现代工艺的翡翠器物，却能卖到数十万元。

你要记住，一件藏品价值的高低与年代是否久远并没多大关系，物以稀为贵，而不是以老为贵。

物不以老为贵

对刚进入艺术品投资领域的人，时刻都要记住一点，凡是值钱的东西到什么时候都值钱，不值钱的东西到什么时候都不值钱。一件藏品价值的高低始终跟作品的艺术高度、制作难度和精美罕见度有关。针对一件藏品只要占据一项，就十分难得。

对艺术品投资你最先要记住的是“物以稀为贵”，绝不是“以老自居”。比如红山文化时期的陶器，距今至少已有6000至7000年的历史了，它们的学术价值、历史价值、工艺价值、科技价值以及美学价值都很高，但是它们现阶段的经济价值并不高，关键的原因就是因为它们的存世量相对较大，而且不易保藏，品相也相对较差。

距今2300年的战国时代燕国货币“明刀”，年代可谓久远，然而市场价仅60~70元一枚。2000年前的汉“五铢”、1000多年前的唐“开元通宝”及北宋“宣和通宝”，其价格之低，简直令人难以置信，钱币市场里几角钱即可买上一枚。但同样年代的古钱，有些售价之高却同样令人匪夷所思。战国时的“三孔布币”，售价高达60000余元一枚，且有价无货。西汉末年王莽所铸的“壮泉四十”，也绝不会低于25000元一枚。即使仅100多年前问世的清代钱币，不少品种也高达上万元，如“祺祥重宝（1861年铸）”、太平天国起义时所铸“天国通宝”等等。历史上有些朝代比较强盛，数十年甚至几百年发行单一品种的钱币，故这类古钱的数量就十分巨大，有些短命王朝刚试铸了一些样币即被改朝换代，这类古钱的数量自然就很少。“物以稀为贵”这条原则尤其适用于艺术品收藏。

中拍国际拍卖公司曾经拍卖过一件南宋龙泉窑粉青龙耳簋式炉，当时拍出的价格是880万元，这也是国内拍卖龙泉瓷的最高记录。宋元瓷器精品之所以能够天价成交，得益于其存世量的稀少。以汝窑瓷为例，目前，汝窑传世品仅60余件，其中台北“故宫”收藏24件，北京故宫博物院收藏17件，上海博物馆收藏8件，英国戴维特基金会藏有7件，日本大阪东洋陶瓷美术馆1件，美国圣路易美术馆1件，天津博物馆1件，另有两三件在私人手中收藏。

由此可见，一件藏品价格之高低，主要取决于它的存世量，与年代是否古老久远没有必然的联系，不同的藏品售价之所以悬殊，根本道理也在于此。

艺术品投资虽然可以获得高额的利润，但它的高风险性也是所有投资中最大的。就算是专家，也有看走眼的时候。判断一件藏品的真正价值来确定艺术品投资的利润是最关键的，除了藏品的存世量之外，还有看其学术价值、历史地位、文物价值、社会价值、科学价值、知名程度等多个方面。

No!

艺术品总是越藏越值钱

艺术品投资最大的错误就是只藏不露，只藏不流，没有流通性的藏品一文不值。只进不出，视藏品为自己生命的收藏是一种自虐式的收藏。不要忘了这句话：“没有卖不掉的货，只有卖不掉的价。”

艺术品收藏与投资并非有钱人的游戏，因此在艺术品投资领域聚集着大量热爱收藏，但资金有限的人。由于可供用于收藏的资金很少，这类人的收藏品种要么单一，要么档次较低，像那些动辄数万、数十万元的名家字画和官窑瓷器，他们望尘莫及。当然也有极少的幸运者，拥有一些丰厚的藏品，但最终因为藏品的流通性差而被认为是一堆“垃圾”。在收藏界，有句行话叫“以藏养藏”，即以有限的资金投资于有升值潜力的藏品，在适当的时候兑现收益，再进行下一次投资。长此以往慢慢积累，收藏的资金投入才会逐步减少，但藏品却会逐步增多。对于一些资金实力雄厚的人来说，钱可能不是问题，但也要讲求“以藏养藏”。若是只进不出，那么，再多的钱恐怕也难以满足收藏的欲望，因为这部分人介入收藏的欲望一般很强烈，最后其资金也会跟不上。

著名大收藏家张宗宪先生就曾说：“如果不会买卖，也不能造就我今天拥有总价值亿元的丰富藏品。”张宗宪先生到今天能拥有上亿元藏品，就是从最初的 24 美元开始的。只要是投资就意味着要流通，买进的货总要是卖出的。不要忘了这句话：“没有卖不掉的货，只有卖不掉的价。”

【事例】>>

“大收藏”的概念

英国铁路养老基金会从20世纪70年代中期着手进军艺术品市场，通过拍卖行买进大量文物艺术品，形成一定规模。在国际拍卖市场上待价而沽，视情形抛售。1977年以后，艺术品市场空前繁荣，而这家基金会总共投资120万英镑，相继在不同的拍卖会上选拍了许多珍贵的藏书，包括绘画、瓷器、古玩、稀见图书等。截至1978年，英国铁路养老基金会用于艺术品的投资已达2000多万英镑。

20世纪80年代中后期，该基金会的回报终于来到。1989年春季，基金会将一部希伯莱文版的古老《圣经》在伦敦苏富比拍卖行拍卖，得款200万英镑。而此书在1978年购得时，价格仅为17.9万英镑。同年5月，香港苏富比举行大型拍卖会，英国铁路基金会委托拍卖的100多件中国元、明、清等朝代的贵重品，均系以前收藏购得。结果，在拍卖会上实际拍卖额达6000万港币左右。

【解读】>>

艺术品不同于一般商品那样可以参照成本、或者参照同行业可期利润、或者参照类似产品规定其价格的，它已经脱离了一般商品的价格规律。如具体到某一类或某一种艺术品，它的价格由低到高会形成一个峰尖，也就是价格脱离价值超值的阶段，这种现象可能几十年，甚至上百年才出现一次，对于收藏者来说，如果有投资意识的话，应该果断地抛出，获取最大价值，最高利润，抽回资金再购买价值更高而价位低的艺术品，千万不能只进不出，更不能贪得无厌，居高不抛。投资股票讲究低价买进，高价卖出，投资收藏也同样是这个道理。买进什么？卖出什么？什么时机买进？什么时机卖出？哪件藏品应及时抛售？哪件藏品要待价而沽？这里面大有学问。收藏者必须熟悉市场，熟悉行情，熟悉藏家爱好者的变化和藏品价位走向，并且能够预测它的未来发展，才能在以藏养藏中施展才华，逐浪弄潮。

在当代艺术品市场中，千万元级的作品层出不穷。著名的香港苏富比艺术品拍卖就曾掀起一场抢购风暴，徐冰、王广义等人的作品纷纷创出历史新高，总成交额更是达到3.37亿港元。香港佳士得也不甘落后，先后推出多件重量级作品，其中包括估价2800万至3600万港元的蔡国强《十四幅为APEC作的计划草图》。这场自2005年开始的当代艺术井喷行情，发生并非偶然。10年前，中国当代艺术刚刚步入艺术品市场，面对挑剔、不解甚至不屑的目光，当时鲜有国内经营者看好中国当代艺术品。与此同时，很多经历过西方当代艺术快速成长期的海外收藏机构则择优大量买进。当国内收藏界刚刚醒悟过来的时候，前几年没有买进当代艺术品而踏空的收藏机构只有望品兴叹。

对于当代艺术井喷，一些权威专家认为，未来五年之内，我们可能会看到令人费解的状况——有些作品可以卖出一个亿，而有些作品不如今天的价格。艺术作品只有两种：要么是“潜力股”，要么是“蓝筹股”。这些作品的价格90%都会下跌。价钱超过1000万元的当代艺术品就与艺术无关。如同当前股市中疯狂炒作的认估权证一样，它只是变成了一场资本游戏，这种在短期内追逐超高利润的疯狂投资，是极为危险的。

然而在现实生活中，不少藏家在收藏投资中只藏不露，只藏不流，其实这种“惜售”未必高明：其一，对入藏不深者来说，买进赝品难以知晓。收藏市场真假混杂，假货泛滥，不流动，少泉鉴，假物入囊，自己还认为是真的，岂不懊恼？其二，资金困牢，难以周转。收藏大军中，多是薪酬阶层，靠开销之外的余钱搞收藏，显然财力有限。不流动，少活力，见到好的藏品却囊中羞涩，无法出手。其三，难以提升藏品档次。收藏的真谛是陶冶情操，增加知识，不流动，少求变，按部就班，目标不高，鉴赏水平不易提高。

也许有的人会说自己收藏的物品是孤品。孤品也未必一定值钱，艺术品之所以不同于一般商品主要有两大特征：一大特征就是不可再生性，即使是同一个画家，也不可能画出两幅完全相同的画。从这个意义上来讲，每件艺术品都是“孤品”。另一大特征就是要有流通，通过多人收藏实现流通从而体现收藏价值。所谓“古玩”，就在于“玩”，在众人“玩”的过程中得到收藏者的共识，在玩的过程中争论，体现价值。任何一件艺术品如果不流通，它也就无价值可言。

收藏圈内有句行话叫“以藏养藏”，这是一种理想。顾盼左右，大多数民间收藏家不都是在“流进流出”中，一步一步慢慢成功的吗？那种“旧的藏品流出去了，新的藏品无法再流回”的想法无疑是多余的担忧，可以这样说，只要有古玩市场存在，就永远有捡漏的机会。

因此在收藏投资中，我们不妨学学开放的收藏观，坚持“拥有与出让结合”的原则，使自己的藏品良性循环，不断提高自己的鉴赏水平和收藏层次。通过购买珍品形成一定规模，然后再拍卖出去，获取丰厚的利润。这是“以藏养藏”的大手笔。近年来，各地拍卖会上都有个人专场进行拍卖，其回报率都是当时收藏时的几十倍，甚至上百倍。比如，广州嘉德夏季拍卖会是以个人藏品专场为主，推出南海刘氏文献馆藏中国书画、抱趣堂藏中国油画等专场，其回报都非常惊人。

在“以藏养藏”过程中，我们应该有“大收藏”的概念。一些功力深厚的聪明藏家在市场上全面出击，游刃有余，见到能够赚钱的藏品，尽管不属于自己的收藏门类，也大胆买下，“捂”上几年后在适当的时候再出手，但其目的还是为了“养”自己的专项收藏。

No!

以黄金饰品来投资

黄金作为一种金融投资产品，具有相对稳定的价值，但并不是所有的黄金产品都具有保值投资功能。黄金首饰的主要功能是装饰，而非保值升值，难以实现回报。

黄金作为一种金融投资产品，具有相对稳定的价值。它的保值原理主要是利用它与其他资产在绝大多数情况下的反向关系，再加上无论黄金价格如何变化，其内在的价值较高而具有一定的保值和较强的变现能力。另外，由于它具有价值稳定、流动性高、维护成本低的优点，还是对付通货膨胀的有效手段。以高赛尔金条为例，由于它易兑现、易流通、稳定性强、安全性高，在资产组合中能够起到稳定资产的目的。

但是，并不是所有的黄金产品都具有理想的保值投资功能，很多投资者在购买黄金产品的时候存在一些误区。比如一些人将购买金银首饰作为投资黄金的方式，这是不可取的。事实上，用购买装饰性实物金来进行黄金投资不具有真正意义上的黄金投资性质。因为，购买金银首饰除了要支付比原料黄金高得多的价格之外，黄金饰品变现出售时，只能按照二手饰品来对待，导致变现时只能以比买入价低得多的价格卖出，原先的价值大打折扣。某些黄金产品可能具有一定的收藏价值，除非是专业的收藏家一般人很难评估。除了少数有价值的之外，其他产品都是来凑热闹的，投资者购买这些产品除了要支付较高的溢价之外，还要担心变现渠道是否通畅，变现的价格是否太低。事实上，无论是实物黄金，还是黄金衍生品投资，都必须要考虑到流动性与变现功能。

黄金饰品没有保值功能

黄金的投资价值正逐渐被人们发现，随着市场更趋成熟，黄金不再仅仅作为一种奢侈品而存在，越来越多的人将黄金当成一种投资理财的工具。说起黄金投资，很多人最先想到的是购买金饰品。但是，从纯投资角度而言，金饰品不适合做黄金投资。因为，金首饰的主要功能是装饰，而非保值升值，难以实现黄金投资价值的取向。

购买黄金饰品不能给你带来经济上的利益。由于加工费用、工艺费用比较高，以及企业本身的利润需求，使得黄金饰品的价格相对于金原料而言的溢价较高，其溢价幅度一般都会超过 20%。最重要的是，黄金饰品要变现面临着很高的折价，折价的幅度常常会超过 30%。一般首饰金店都会回收旧的黄金首饰，当前的金饰品如果要直接向一般的金店进行回售，其价格将远远低于同期上海黄金交易所金含量相同的金原料价格。因为他们只考虑这些首饰的原料价，而不管款式、品牌、加工精细度等，因为这些金子如果绝当，最终都是卖给加工做饰品的厂家，厂家也都只认原料。

实际上，当前我们通称的黄金投资主要是指实金投资和纸黄金等。其中，实金投资是指买卖金条、金币等，虽然有时也仅是记账，并不提取实物。纸黄金则以账面记录为主，通常并不和实物打交道。

那么金币的价值取向又如何呢？金币分为两类，一类是由收藏者以高于金币黄金含量价值以上很多的价格来购买的金币。这类金币的价格不是经常浮动的，主要包括限量发行的样币、纪念性金币，以及古币，这类金币的价值主要体现为收藏价值，一般投资者对其价值高低把握的难度很大，常常出现非常高的溢价。

另一类金币，是指黄金投资者以略高于金币黄金含量价值以上的价格来进行买卖的金币，称为普制金币，能够广泛地体现出较好的投资价值，普制金币开始于 1970 年，是世界范围内主要的投资性金币，我国的普制金币主要是熊猫金币，但是鉴于我国黄金市场目前的开放有限，所以目前仍存在较大的流通局限性。另外，世界范围内的普制金币主要包括1970年南非发行的克鲁格金币，加拿大1979年发行的枫叶金币，以及美国的鹰扬金币、澳大利亚的袋鼠鸿运金币、奥地利的维也纳爱乐乐团金币等等。

金条类似于金币，主要分为收藏的纪念金条和普通金条。在金条投资中，很多投资者也存在纪念金条投资价值大于普通金条的误区。纪念金条往往是一定时间里因为一定的题材而发行。这种金条数量有限，有一定的收藏价值。纪念金条一般同样会以高于其金原料价值以上较高的价格来发行，其价格一般是固定的。普通金条做成一定的规格，有一定的成色。例如，目前上海黄金交易所交易的金条有50克、100克、1千克、3千克和12.5千克，成色为99.99%和99.95%两种。纪念金条在发行时往往存在7%以上的溢价，再加上代理金商的利润，溢价会在10%以上，甚至部分地区的某些纪念金条价格与金首饰价格差别不大，溢价非常高。

目前纪念金条没有固定回购渠道，投资者要变现，通常只有直接卖回给金商，但金商却把号称极具收藏价值的纪念金条当成普通金原料价格进行回收，再扣除相应的检验费用等，所以普通投资者要想通过投资纪念性金条在中短期获得较好收益是不可能的。真正作为投资性的金条应当是通过交易所、银行、经纪人等出售，按照规定标准制作的金条，其价格和交易所金价直接挂钩，只收取少量的手续费，而且有适当的回购措施，购买者容易变现。例如：高赛尔金条，作为一种实物黄金产品，它以国际金价为基准并参照上海黄金交易所的报价，在银行销售和回购，由银行资信作担保，流通无障碍，并且其加工和手续费在国内同类型产品当中也具有优势。

影响黄金价格的因素

一般人对黄金价格的认识也存在着偏差，他们认为个别群体“戴黄金首饰的人少了”，黄金的需求就少，金价就不会上涨，投资黄金收益不大。其实，影响黄金价格的因素非常之多，经济、政治、历史、文化风俗等社会生活各个方面都与黄金紧密联系。由于有着作为货币的长久历史，黄金具有了双重属性，一是其本身作为贵金属的商品属性，二是有着世界货币功能的货币属性。

影响黄金价格有以下几个因素：

1. 美元。美元对黄金市场的影响主要有两个方面，一是美元是国际黄金市场上的标价货币，因而与金价呈现负相关。假设金价本身未有变动，美元下跌，那金价在价格上就表现为上涨。另一个方面是黄金作为美元资产的替代投资工具。近几年金价的牛市，以及市场对其大牛市持续的期待，都伴随着市场对美元走势长期看弱的预期。美元的下跌必然使得美元资产对投资者的吸引力减弱，而黄金市场就从这一资金分流中获益良多。同时黄金市场相对美元资产市场而言是个袖珍型的市场，因此在投资者投资偏好的牵引下，美元资产很小比例的资金流出，转到黄金市场上就能掀起惊涛骇浪。

2. 原油市场。油价与金价呈 80%左右的正相关关系。黄金的货币属性使得其具有保值避险、投资替代的功能，2005 年黄金投资需求的强劲增长，将这一功能体现得淋漓尽致。首先看原油等大宗商品价格上涨对金价的推动作用。原油价格在 2005 年大幅飚升，纽约轻质原油期货最高到 70 美元 / 桶，这似乎又唤醒了人们对 20 世纪 70 年代，由于原油价格疯狂导致的高通胀低增长的记忆。当时世界石油大危机的时候，也是金价上涨幅度最惊人的阶段。黄金天然具有通胀保值的功能，在通胀上升的预期下，黄金就成为投资者的热门投资工具。这一点在原油市场与黄金市场的联动性已得到充分的体现。

3. 战争。俗话说：大炮一响，黄金万两。历史上黄金就是作为最可靠的避险手段受到人们的青睐。黄金对政治动荡，战争等因素分外敏感，每一次的战争就必然伴随着金价的大幅飙升。不得不提的是中东政治局势对金价的影响，中东历来是个冲突不断的火药桶，美国插手中东事务导致的一系列战争，如 1991 年的海湾战争和 2003 年的美伊战争，以及市场目前纷纷猜测由于伊朗核问题导致美国与伊朗爆发战争的可能，这些都很直接推动金价的上涨。而间接的影响就体现在原油上，作为世界主要的原油产地，地缘局势的动荡使得市场担忧该地区有原油供给中断的危险，油价也因而上涨，从而又拉动了金价的涨势。

4. 供需。黄金与其他商品的区别之一在于供需状况对价格的影响相对较小，原因在于黄金储备、库存相对于需求量较大，需求刚性较小。印度、中国和中东一般是黄金首饰的主要购买国家或地区，而圣诞节前、元旦节前等周期性需求量上升也会影响黄金价格的走势。除了首饰用金外，工业用金和投资用金也是影响需求的主要因素。

因此，一般认为的个别群体“戴黄金首饰的人少了”只是影响黄金价格的一个微小因素，并不能构成决定黄金价格走势的重要力量。

No!

投资类保险产品相当于银行存款或者基金

尽管“保险的本质在于保障而非投资”的呼声居高不下，但投资类保险正逐渐成为人们理财生活的一部分。事实上，许多投保人也知道投资类保险有一定风险，但对风险究竟在哪里并不十分了解，而盲目追求高回报也使一部分人忽略了潜在的风险。要记住，保险的核心功能是人人可以买到足够的意外、健康和养老等等保障，切忌通过保险赚钱。

许多人认为，新型人寿保险产品兼具保险保障功能和投资功能，购买这些保险既有保障又有收益，可谓一举两得。实际上，按照产品性质的不同，对于保障功能和投资功能具有不同的偏重，但本质上均属于保险产品。不宜将兼具保险保障和投资功能的新型人寿保险产品与银行存款、银行理财产品、基金等金融产品的收益进行片面比较，更不要把保险产品混同于银行存款或者基金。

什么是投资型保险？所谓投资型的保险肯定要涉及到投资，那它就会有风险。投资型保险是人寿保险下面的一个分支，这类保险属于创新型寿险，并且它还兼顾了保障的功能。最初是西方国家为防止经济波动或通货膨胀对长期寿险造成的损失而设计的，之后演变为客户和保险公司的风险共担、收益共享的一种金融投资工具，也就是有些人说的保险理财。

其中“保险理财”的概念有两层意思：第一，就是利用保险产品的保障功能，来管理理财过程中的人身风险，保证理财规划安全进行；其次，保险本身附带有理财功能。目前国内理财投资型保险主要有分红险、万能寿险和投资连结险。这三种理财投资型保险的风险系数依次增加，但投资收益的潜能也依次提升。其中，分红险投资策略较保守，收益相对其他投资险为最低，但风险也最低；万能寿险设置保底收益，保险公司投资策略为中长期增长，主要投资工具为国债、企业债券、大额银行协议存款、证券投资基金，存取灵活，收益可观；投资连结险主要投资工具和万能险相同，不过投资策略相对进取，无保底收益，所以存在较大风险，但潜在增值性也最大。

在投资理财型保险中，分红险是收益最快的保险。可以这样认为，分红保险就如同是把公司经营成果的一部分让利发放给寿险消费者，其作用类似于商品降价、打折。它对于吸引消费者、活跃寿险市场、促进寿险市场发展的作用是不言而喻的。但是你要知道，如果你相信保险公司每年分红会在1.5%以上，买分红保险就合算，否则就不合算。另外，如果你不是一次性付清所有的费用，是年缴的话，请考虑好以后的续费问题，考虑你是不是每年都能在这方面投入这么多资金，如果因为缺乏资金，一旦退保造成损失，你就不是投资挣钱了，而是“赔了夫人又折兵”（拿不到利息，本金部分还要损失一点）。

一般人普遍对上述这三类保险产品存在一定的认识误区：

1. 分红险等于银行存款。实际上，分红险与银行存款具有本质的区别。一般的银行存款根据现行利率获得利息收入；而分红保险产品虽具有确定的利益保证和获取红利的机会，但分红水平主要取决于保险公司的经营成果，可分配的红利是不确定的，没有固定的比率，因此可分配给投保人的红利是不确定的。

2. 购买投连险收益有保证。投资连结保险产品，其投资回报具有不确定性，投保人承担全部投资风险。另外，投保人所缴纳的保险费并不是全部进入投资账户用于投资，而是要扣除初始费用或在进入投资账户时收取买入卖出差价。而进入投资账户后也可能发生一定的费用支出，保险公司在提供账户转换、部分领取等服务时也可能收取一定的手续费或退保费用。

3. 万能险结算利率是全年收益利率。万能保险产品结算利率设有保证利率，超过保证利率的部分是不确定的。保险公司每月公布的结算利率是年化收益率，只能代表当月的投资情况，不能理解为对全年的预期。同时，结算利率并不是针对全部保险费，而只是针对投资账户中的资金。因为，投保人缴纳的保费并不是全部进入投资账户，而是要扣除风险保费和经营管理费用。所以在购买之前，你应详细了解各项费用扣除情况。

此外，投资类的保险并不适合所有人购买。因为保险产品具有无形、复杂、专业性强、期限长、投入大等许多特点，而这些特点对于买了保险的普通人来说的确存在风险。如果你既没对所购买的保险进行了解，也不是根据自己的需要来选择，即使购买的是其他一些风险比较小的险种，也是容易出现问题的。有两类人不宜购买投资类的保险：风险承受能力比较弱的投资者。投连险允许保险公司将客户资金中的至多95%投向股票、基金等收益风险“双高”类产品，购买投连险还需要付出多项费用，投资者需要承担由此产生的为数不小的“收益损失”风险；短期内有资金需求的投资者。购买投连险初始费用比较高，退保费用也比基金赎回的费用要高。对于短期内有购置大件、生意周转等资金需求，且需要动用这笔投资资金的人群而言，不宜购买投连险产品。

保险的意义，只是今日作明日的准备，生时作死时的准备，父母作儿女的准备，儿女幼小时作儿女长大时准备，仅此而已。今天预备明天，这是真稳健；生时预备死时，这是真旷达；父母预备儿女，这是真慈爱。这才是保险的真谛。当你把保险费交给保险公司后，一旦发生保险合同范围内的任何事故，保险公司都会按照合同的约定，对你的损失给予补偿或给付。而且这些补偿或给付金远远大于你所缴的保险费，使你安然摆脱困境，及时保障你的家庭和生活的稳定。要记住，保险的核心功能是人人可以买到足够的意外、健康和养老的保障，切忌拿保险当赚钱工具。

No!

投资保本产品等于零风险

保本的诉求的确很合投资人的心意，保本产品也确实有它存在的价值，但投资人有必要去了解这类产品的投资风险，同时根据自己的风险承受能力选择适合自己的理财产品。任何投资的风险跟收益都是成正比的，能否保本、能保多少本，这跟很多因素比如汇率、通货膨胀率等有关，保本并不等于零风险。

保本理财产品相对于股票等投资来说风险要小得多，因此吸引着大批的投资者。各大银行也相继推出各种各样的外汇理财产品，除了这些产品的高预期收益率之外，银行开出的“保本承诺”是十分诱人的。如中国建设银行推出的外汇理财产品“汇得盈”个人外汇结构存款理财产品，工行的“汇财宝”系列个人理财业务的首期产品——可终止个人外汇理财产品，银行都向客户承诺100%本金保证。最引人注目的莫过于国内首只“保本基金”——南方避险增值基金，其发行之初，更是在投资理财市场掀起了巨大波澜。由于打出了“收益不封顶、本金不亏损”的保本承诺，吸引了众多个人投资者，创下了6天卖出6亿元的好业绩。所有人都会被“保本更增值，一诺值千金”这10个字所吸引，大多数人也都认为保本自然就是可以做到本金随时无风险。

简单地说，保本产品的设计就是把大多数的本金投资于风险很低的固定收益型投资品种（比如定存或是债券），而将产生的收益部分投入风险较高的投资品种，获取较高的投资收益。例如保本基金，它是将小部分本金及利息用来投资衍生性金融产品，以高财务杠杆操作的方式，创造较定存可能高上数倍的报酬，但为了兼顾资金的安全性，大部分资金只能放在银行生息，以确保投资人到期可领回保本产品保证领回比率的本金。

因此，经由这样严格的专业操作的风险监控，投资人承受的最大损失都在可预知的范围内，但获利的想象空间却比银行定存大得多。但你需要注意的是，投资保本产品并不等于零风险。保本产品的“保本承诺”虽然有银行的信誉在作担保，但任何投资的风险跟收益都是成正比的，能否保本、能保多少本，这跟很多因素比如汇率、通货膨胀率等有关，保本并不等于零风险。

【事例】>>

保本产品的缺陷

几年前，傅先生手头存了一笔数额不小的美金，因为不谙理财，就一直存在银行里。一个偶然的机会，一位银行的朋友向他谈起了他们最近推出的一种外汇理财产品，本金无损，第一年有固定收益 5.6%，五年时间，累计收益不会低于 8%，比单纯的外汇储蓄收益高上好几倍……傅先生开始心动了，因为当时美元利率正是最低谷的时候，国内美元一年期利率只有 0.5625%，而且一般人总以为这样的利率要维持较长时间。傅先生想，与其守着那一点点利息，不如让银行帮自己赚更多的钱。2004 年 3 月，他便捧着 2.3 万美元去银行购买了该产品五年期。傅先生合计着无论怎样那都是笔合算的买卖，于是不久又投下 4.7 万美元买了一个五年期理财，先后花了 7 万美元。

可之后，金融市场上外汇理财硝烟四起，中行、建行、交通银行、广发和光大银行，都推出了外汇理财产品。当时一年期美元存款利率仅为 0.5625%，两年期美元利率是 0.6875%，而当时个人外汇结构性存款产品，大多数年预期收益都能达到 2.5%以上，难怪手头藏了点美元的市民都跟风认购了。

正当傅先生乐滋滋地盘算这 7 万美元的总收益时，外汇投资市场风向变了。美联储开始频繁加息，不久，国内美元也开始不断加息。先是央行放开了国内商业银行两年期美元存款利率，各家银行可以在利率区间内浮动。不久，一年期美元利率频增加，从最初的0.5625%，上升到0.875%，再到目前的2.5%，现在，美元一年期利率已超过人民币利率，不少银行两年期美元利率已超过4%。也就是说，你手头的美元，只要存两年，累计利率就达到了8%。而傅先生买的那两款外汇理财产品则需要5年收益才能达到8%，在此之前也就是零收益。傅先生觉得自己亏了，便去银行交涉，想收回那笔美金，可是先前与银行的协议上白纸黑字：客户不能提前终止协议。

<<【解读】

保本理财最大的缺陷在于流动性较弱，不管是保本基金，还是集合理财产品或是债券，它们都有期限限制，一般期限是3年，这就意味着在投资期限内你的这部分保本资金不能随便流动，如果要赎回或兑付，就不可能保本。一般来说，保本产品的设计为了保证稳定，所以对到期前要求赎回的投资人，都会有惩罚性的规定。问题是，大多数时候提前赎回对投资人都是不利的，如果加上各种费用，投资人多半是要吃亏的。与大多数保本理财产品的流动性弱相比，货币市场基金则有较显著的优势，它被认为是一种储蓄替代品，不仅可以获得比银行定期存款高的收益率，而且具有很好的流动性，申购赎回都很方便。

另外，保本产品一般有一定的投资期限，随着年数的增长，产品的预期收益率也会被稀释掉。投资者下单之前一定要考虑好投资这一产品的机会成本，毕竟投资的最终目的是增值收益而不仅仅是保本。

保本的诉求的确很合投资人的心意，保本产品也确实有它存在的价值，但投资人有必要去了解这类产品的投资风险，同时根据自己的风险承受能力选择适合自己的理财产品。投资者不能把全部资金都投入一个保本产品，需要进行一定投资组合，理智的投资者在安排投资组合时，应该考虑理财工具效应的最优化，必须兼顾安全性、收益性、流动性三个方面的要求。

No!

“预期收益”越高越好

“预期收益”与“实际收益”完全是两码事。预期收益总是看上去很美，可再美也仅是个预期而已，两者的关系正如“期房”和“现房”之间的差异，并非总是令人满意。

随着越来越多非储蓄类金融理财产品的出现，各大金融机构也纷纷将产品的预期收益最大化，以吸引投资者投资。一方面出于对银行的信任，一方面出于对“预期收益”与“实际收益”概念上的模糊认识，许多投资者将“预期收益”误认为是“未来的实际收益”。那么理财产品所明确标注的“预期收益”与“实际收益”到底是怎么一回事呢？实际上，“预期收益”与“实际收益”两者的关系正如“期房”和“现房”之间的差异，并非总是令人满意。

虽然银行理财产品相对于股票、基金更为保守（稳健），但其本质上是金融投资产品，并不是储蓄存款。是投资就必然有风险，理财产品购买者要承担“买者自负”的风险。即使是保证收益的理财产品，也可能存在着市场风险、信用风险和流动性风险，这与银行传统的储蓄业务有着本质的区别。投资者要注意规避：一是把“预期收益”当成实际收益。由于有些产品主要用于稳健型投资，因此实际收益基本等于预期收益。但不是所有的预期收益都能实现，很多时候预期收益与实际收益不符。二是“预期收益”越高越好。某些银行在宣传理财产品时，往往强调最高的收益率以吸引客户，事实上这种高收益仅是一种可能性。如果运作中出现问题，“最高收益”就成了空话。

实际上有的理财产品在历史上曾经有过实际收益率为负，但是在绝大多数的理财产品说明书上都不会看到。因此，当投资者购买理财产品时，几乎无一例外都以为能带来预期的较高回报。而一些银行理财产品设计人士在设计产品的时候，并不是没有考虑到亏损的可能，但是他们是不会在说明书上标注可能会亏损，因为这会影响到银行声誉和产品销量，因此风险提示一般只被表述为该产品达到预期收益率的概率是多少。

<<【事例】

预期收益总是看上去很美

在2006年底，浦发银行发行了“汇理财2006年第九期F2计划”。根据合约，该产品与建设银行、中国人寿、中银香港和招商银行挂钩，产品到期收益取决于4只股票从2006年12月28日到2007年12月19日间的涨幅，计算公式为：16%-（涨幅最高者的涨幅－涨幅最低者的涨幅），如果为负，则收益为零。在产品到期日时，这4只股票中，涨幅最高的是招商银行，为96.25%；涨幅最低的是中银香港，为-2.62%。由此计算：16%-(96.25%+2.62%)，最终收益率为零。

浦发银行在2007年初发行的第一期F2计划——12个月人民币产品，计息期理财收益率（税后）计算方式为：最大值MAX［18%-（股票表现值最好的3只股票的平均回报－股票表现最差的3只股票的平均回报），0%］。该产品挂钩的8只H股全部为金融股，分别为建设银行、工商银行、交通银行、招商银行、中国银行、中国平安、人保财险和中国人寿。而基准日和观察日分别为2007年1月31日和2008年1月29日，均以当日收盘价为考察值。按照2007年1月22日8只H股的收盘价，测算后发现，股票表现值最好的3只股票（招行、平安、人保）的平均回报为55.7%，股票表现最差（中行、交行、工行）的3只股票的平均回报为-9.6%，两者差距为65.3%。所以代入计算公式后，最终收益率为零。

【解读】>>

无论什么时候，你都要记住一点，预期收益率虽然经过了理财团队的科学分析，但实际收益率还是可能会随市场情况发生变化。产品的实际收益率是无法确定的，理财产品的预期收益率“看上去很美”，但也仅是个预期而已，需要达到各种苛刻的条件才能实现。

投资者在购买理财产品之前，要充分理解“预期收益”这一概念，要知道预期收益并非最终收益，在详细了解理财产品情况的前提下，再和银行方面签订购买合同。对于合同内容一定要阅读清楚，明确收益风险。

其次，要对自我风险承受能力有清醒的认识，不能只看到收益率而忽略相伴随的高风险，应持谨慎的态度。

另外，一些理财产品早在设计之初，银行就已将自己隔离于风险之外。理财产品所挂钩内容的上涨下跌对银行的收益并没有任何影响。也就是说，无论客户收益多寡，银行皆稳赚。银行从理财产品中赚钱的收益已经包含在投资者购买产品的价格中，这一点相当于基金公司的管理费用。

因此，你要认识到这一点，预期收益与实际收益完全是两码事，预期收益仅代表达到理想状态的可能性，并不代表最后的实际收益。就好像童话本身是美好的，但是童话并不意味着现实！

No!

基金只赚不赔

基金的风险是从一开始就有的，而不是从赔了才有的。从来就没有稳赚不赔的神话，只不过是牛市的推动作用使它看起来像个神话而已。

任何投资都是与风险相关联的，越高的预期收益也意味着越高的投资风险。基金是投资于证券市场的证券产品，证券市场的波动势必会影响到基金的净值，证券市场蕴涵的投资风险也同样会体现在基金投资中。尽管基金作为股票的组合，已经有分散投资风险的作用，但投资者必须意识到的是，基金仍然包含着投资风险。投资基金并非是包赚不赔的投资。基金提供给大众的是理财服务，可以说，投资基金是一种生活方式而决不是一夜暴富的捷径。

基金曾经创造了“只赚不赔”的神话，也基于此，它成为证券领域最受欢迎的投资品种，大多数基民都是因为相信了这个神话大量抢购基金，他们从没考虑到当时的宏观经济背景、证券市场环境如何，就将多年的积蓄投入进去。这种无视投资风险的行为就像无头苍蝇乱撞一气。

首先，你了解应该拿什么钱来买基金吗？并不是什么钱都可以随便拿来买基金的，因为基金不是储蓄，不承诺最低收益，也不保证一定盈利。一般来说，家庭资产在确保留备应急和养老安身之后，剩下来暂时无需动用的“闲钱”不妨用来投资基金。用“闲钱”投资基金，投资者的心理承受能力会强得多，能承受基金净值的正常波动，保持良好的投资心态。

其次，你对自己的风险承受度和投资目标了解吗？对此投资者绝不可轻视，在投资基金之前一定要有个明确界定才行，能承受多大的风险损失，投资期限和预期收益到底是多少，这些都需要了然于心。

基金不是只赚不赔的短期暴利工具，而是着眼于长期投资的理财产品。那些不能承受一定的风险损失，又想在短期内获得很高收益的投资者，显然是不适合投资基金的。只有根据自身实际情况作出选择，才能减少基金投资的盲目性。

收益和风险是形影不离的兄弟，投资者万万不能在获取高回报时，就把风险全然抛在脑后。对投资的生搬硬套，对预期投资收益进行不切实际的高估，或者用投机股票的思维来进行基金投资，这些行为是非常不可取的。实际上，基金作为一种理财手段，投资者首先要学会的是如何有效地规避风险，而不是如何去赚大钱，急功近利将是基金理财的天敌。基金投资，勿忘风险；收益为本，稳健至上，在学会控制风险的前提下分享基金投资的长期收益，基金理财才能为你的人生助力护航，使你生活更加精彩。

No!

购买明星基金

好基金就像好学生，好学生将来学习成绩好的可能性相对更大一些。但必须指出的是，基金投资不等同于学习，市场热点是不断变化的，基金业绩也会呈现出波动性，每只基金都有可能在一段时间内业绩领先，而成为明星基金，盲目购买明星基金有时候收益并不如你想象中那样理想。短期回报率排名第一的基金不是长期定投的最好选择，最好是选择可以长期战胜大盘并超越同类基金的产品。

在这个崇拜偶像的年代，我们看电视电影必看大明星、大制作，买东西也一定要名牌，尤其是外国的品牌就更受欢迎了。资本市场也总是不缺乏所谓的神话和奇迹，当年还不怎么出名的嘉实公司，炮制出了中国市场上规模最大的407亿巨型基金，排行也一下子升到了基金公司的首位。然而投资界不是娱乐圈，可还是有不少投资者将排行榜奉若神明，各明星基金也都有自己的铁杆粉丝，甚至有投资者把排行榜前十名的基金当做基金投资的绝对风向标，全部买入，就不信自己赚不到钱。

其实，基金排行榜与学校黑板上面贴的小红旗有异曲同工之妙，他们都是对成绩的一种体现。所不同的是，基金排行榜仅是对过往业绩的单方面考核，而小红旗授予的是“德智体美劳”全面发展的“三好学生”。老师在评价一个学生的时候，考查的是包括学习成绩、思想品德等在内的各方面因素，而我们也应该按照这种思路投资基金。

仔细观察基金排行榜就会发现，每只基金在榜中都会各领风骚一段时间，没有谁是常胜将军。基金产品的业绩，特别是股票型基金，与基础市场有着非常密切的联系，如果某只产品的投资组合正好是市场的热点，那

以基金产品的过往收益表现来讲，新基金是没有任何记录的，因为它是全新的。完全没有历史记录，就意味着我们完全不了解这个产品将来到底会有什么样的表现，这恰是新基金的风险所在。老基金就不同，正式运作之后披露的基金净值、投资组合等等，可以使我们清楚地了解该基金在做什么、做的效果如何，从而对其进行价值判断。因此，从过往业绩的角度来看，买那些过往业绩较好的老基金的投资者的把握更大一些，风险也会更容易估计。

还有一个问题，就是新基金本身没有运作当然没有业绩可言，但如果执掌该基金的基金管理团队有明晰的过往业绩可参考，那新基金的劣势就在很大程度上得以弥补。基于基金管理团队的资产管理能力在一定时期内的稳定性和延续性，我们可以依据基金经理的职业轨迹对其在掌管新基金后的表现进行合理推断，如此可降低未来的不确定性，投资者往往追捧过往表现突出的基金公司发行或是明星基金经理领衔的新基金，原因就在于此。

新基金发行后还未开始投资或尚处于建仓期时，其股票投资在总资产中所占比例为零或很低，也就是所谓的没有仓位或轻仓。老基金依据基金契约运行后，或多或少都有些股票资产。需要明确的是，有没有仓位、轻仓或重仓并不意味着绝对的优势或劣势，要视市场形势而定。

此外，很多投资者都觉得1元钱的新基金既便宜风险又低，2、3元钱的老基金又贵风险又高。其实这是心理上的误区。投资者要认真想想，买基金最终的目的是什么？是买个低价心理上觉得安全呢，还是希望有更高的收益率？当然是后者。有业内人士统计了2006年涨幅前50名和2007年开年3周涨幅前50名的基金，发现涨幅居前的基金在期初的平均净值为1.51元。由此可见，1元净值的基金并不见得是涨得最快的基金。还有人认为净值高的基金风险也要高一些，其实不然，净值低不意味着基金会涨得快，而净值高也不意味着基金会跌得多，净值高低与风险收益之间并没有必然联系。

总的来讲，上涨的市场，适合买老基金；下跌的市场，适合买新基金。新基金刚成立时，股票仓位通常为零或较轻，所以，当市场正处于下跌时，新基金可以减缓建仓步伐甚至不建仓，以规避短期市场下跌的风险。反之，如果市场正处于快速上涨阶段，新基金就比较被动了，往往因为建仓时间较长而失去较好的投资机会。在上涨的市场环境中，由于老基金仓位较高，收益率的表现会更好，而且投资者在购买基金后，可以马上分享到基金的收益增长。而新发行的基金，则需要一段时间的封闭建仓期后，投资者才能获得投资回报，且在此过程中，新基金要付出一定的建仓成本，而老基金由于已经完成了建仓，不需要支付建仓成本，因此回报将可能更加丰厚。尤其在牛市行情中，新基金需要从零开始建仓，而老基金却可以从容地持股待涨。

新基金的确便宜，但不确定性更强，绩优老基金虽好但价格太高。那么，有没有一些既能让投资者买入时心理踏实、同时又能减少未来不确定性的品种呢？答案是肯定的，我们建议投资者关注大比例分红或拆分后的绩优老基金。总而言之，在持续的牛市行情中，选择过往持续表现良好的绩优老基金是比较稳妥的选择。而选择高分红的老基金则可以同时令投资者得到安慰。

No!

基金收益就是赚净值价差

只要基金即时价格略高于初始购买价，在计算交易费用后，就急不可待地赎回，这是众多投资者的通病。产生这种现象的主要原因是投资者的短期操作习惯及短期暴富的投机心理。在实际的基金投资过程中，那些长期投资者的投资收益明显高于进行基金净值价差套利的投资者。因此，将基金投资收益定位在赚取基金净值的价差上，并不会给你带来收益，反而会让你亏损。

许多基金投资者对基金投资收益的结构组成并不了解，简单地认为只要基金即时价格略高于初始购买价，就可以快速地赎回，以赚取价差来获益。实际上这是基金投资最大的错误。

基金是利用中小投资者不具备的投资优势，运用专业技能，科学地进行基金投资品种的组合配置，并最终将取得的收益作为回报向投资者分红。这在基金的招募说明书、发行公告及有关的基金合同中是明确说明了的。我国《证券投资基金运作管理办法》第三十五条有着明确规定：“封闭式基金的收益分配，每年不得少于一次，封闭式基金年度收益分配比例不得低于其年度已实现收益的90%。开放式基金的基金合同应当约定每年基金收益分配的最多次数和基金收益分配的最低比例。”由此可以看出基金分红的强制性要求，在一定程度上保障了投资者的投资收益。特别是上市公司的中期和年度分红惯例，也决定着投资者进行短期基金操作存在着收益缺失的弊端。

基金按投资品种特点和资金的运用形式，存在以下四个方面的收入：放在银行中的应对基金赎回的暂时闲置资金所产生的利息收入，占基金运用资金比例的较小部分；选择和配置绩优股票所产生的股息收入是基金投资中最稳定也是提升基金净值的主要收入；资本利得是基金在进行投资后，发现所选投资品种的基本面已发生变化，不得不进行短期的调整，从而产生一定的资本利得，但这种情况并不是基金投资的主流；资本增值是构成基金净值溢价收益的源泉。但这部分收益仅是账面上的，而非真正的基金投资收益。只有基金管理者进行变现后，才能使资本增值变为实际的收益。从以上四种收益的情况来看，最明显的就是资本增值和股息收入，这是基金净值增长的根本动力。因此，基金收入的结构组成决定着长期投资的重要性，更彰显了获取分红的必要性。

无数投资者的经验都已经证明，以获取分红为主的投资者，在基金的投资收益上明显高于进行基金净值价差套利的投资者。事实上，有很多中小投资者因为热衷于进行基金净值的价差套利，仅仅得到了基金投资的短期收益，而这只是基金收益很少的一部分。相对来讲，那些长期投资者获益更多。当证券市场出现上涨行情时，基金的净值就会水涨船高，这种涨幅主要是依靠基金配置股票的资本增值体现出来的。如果投资者不能长期持有，只能分享上涨中的某段股票品种的上涨收益，而不能分享到投资品种带来的长期收益。

长期持有，对基金投资来说非常重要。如果投资者为了获取基金净值的价差收益，频繁地买入卖出，会大大增加申购赎回的成本，实际上损害了投资者自己的投资收益。根据基金公司的不同，申购赎回一只基金一般要承担1.5%至2.0%的交易费用，这远高于股票的交易成本。

综合而言，基金投资组合的投资方式一般在短期内的收益可能不如股票，而能在较长的时间内让基金获得持续、平稳的收益。相关统计表明，股票价格总体上具有不断向上增长的长期历史趋势，这也是基金长期投资能够赢利的重要依据。在此基础上，基金投资者可以根据经济发展的周期和市场的变化调整投资组合和投资策略，为自己争取高于市场平均水平的收益。对于投资者而言，重要的是选择风格稳定、信誉良好的基金公司，以及适合自己风险偏好的基金品种，并坚持长期持有。

用投资股票的方式投资基金

"低买高卖"是股市中股票投资者应遵循的赢利原则，许多做股票短线的投资人也是习惯于在上涨趋势良好时便进行抛售，这样做，一方面是为了及时套现，获得既得收益，另一方面，也是为了避免因为股价下跌而带来的风险。但若将这样的股票操作手法套用在投资基金上，就大错特错了。因为基金投资是一个长期的投资过程，在这个过程中，基金的净值是会随着市场的波动而波动的，它的投资收益不可能一步到位、立竿见影。

基金是专家理财的品种，因此基金和股票有联系又有区别，特别是偏股型基金更是和股票联系密切，我们看到经常有人在预测大盘的走势，但投资基金要抛弃投资股票时的思路，那就是尽量不要波段操作，就算你能卖在高点买在低点，但你能够次次都做得很好吗？如果真做得好，建议你去炒股，毕竟股票的收益比基金快、比基金大。

不少投资者以炒股的方式来投资基金，进行频繁的申购赎回，希望获得更多收益。例如频繁买卖开放式基金，结果往往以失望告终。按波段进行操作的想法固然美妙，但投资者往往忽略了实际操作中会遇到的障碍。

首先是很难把握市场的趋势和操作时机。即便是在不断上扬的牛市中，也常会出现一定幅度的市场回调，不少投资者就在当时认为的所谓"高位"赎回，但市场调整很快结束，并再次上升，此时投资者不得不在更高的价格上进行申购。

其次，即使正确地把握了交易时机，赚取的差价可能也不足以弥补频繁操作产生的交易费用。以股票基金为例，赎回费一般为0.5%，赎回后再买回来的申购费通常要1.5%，也就是说，在进行波段操作时，只有在确保差价超过2%才有赚。基金采取的是组合投资方式，净值的波动一般比较小，不像单只股票，每天的涨跌幅度可以达到10%，收益率可能远高于交易成本。

另外，还有不容忽略的是，短线频繁申购赎回要考虑资金的时间成本。目前，多数股票型基金赎回的资金需要几个工作日才能到账，往往是这边资金还没有到账，那边市场的短期趋势已经发生了变化。

基金，特别是股票型基金，主要是投资于股票市场，当然，股市的波动会影响基金的收益，理论上讲，投资者在清楚市场波动方向的基础上，选择基金的买卖时机，自然能够获取最大的投资收益。不过，事实上，股市变化的不确定性，决定了绝大多数人是不可能做到这一点的。相对而言，基金公司依托专业研究组合投资，在市场波动中获利的机会是远胜于一般个人投资者的。所以，运用在股票投资上就已被证明是不理智的做法——追涨杀跌来简单套用基金产品，其效果是可想而知的。

实际上，基金本身就是一个鼓励投资者长期投资的产品。无论是监管部门的要求，还是基金产品的设计，都为投资者长期投资创造便利。例如长期投资者可以获得申购赎回费用的减免，事实上，在基金投资上获取最多收益的也往往是那些长期持有的投资者。基金不是股票，在暴跌中匆忙赎回基金，并不是一件很理智的事。因为好的基金，是能够有效抗击市场的震荡波动，在长期投资中为投资者创造出良好回报的。除非你对所持有的基金已完全丧失信心，否则赎回只会将损失兑现而且要付出放弃未来收益的代价。作为一个长期理财工具，应对暴跌的最好办法就是选择你信任的基金，持有不动摇。没有人能准确预测股市，面对市场大幅调整，怨天尤人无济于事，惊慌失措更有可能错上加错。作为一个理性的基金投资者，首先想到的不该是赎回，而是坚持。我们应充分相信经过市场磨炼的投资专家的能力。要知道，我们不能指望基金能轻易逃过暴跌，就算是厉害如一代投资大师彼得·林奇的基金经理，也无法预测到暴跌的降临。但这并不妨碍彼得·林奇成为美国有史以来最成功的基金经理，他所管理的基金取得了年均29%的投资报酬率，13年增值29倍。

No!

炒股制订计划无济于事

许多人认为，炒股无法订计划。因为小投资者资金有限，不可能像庄家那样控制盘面，只能跟在别人后面。事实上，如果没有一项可靠的计划，你的投资会混乱无比，这和生活一样，计划你的交易，交易你的计划才是胜利的根本。

有人说在开始学习炒股的时候必须做好赔点儿钱的打算。决不是这样的！你永远都不能抱着赔钱的想法去炒股，打算赔钱纯属失败者的心态，它会让赔钱变得理所当然。相反，你应该意识到股票交易是一种总体的百分比计划——并不是每一笔交易都可以带来利润，但是如果某一笔交易不能为你带来利润，你至少应该保证不赔太多，因为你已经采取了限制风险和保障资金安全的措施。只要你在好的交易中赚的钱比在赔本交易中赔的钱多，你就算得上是一个成功的交易人了。

你必须从一开始就让自己有一个必胜的心态。要有一个良好的开端，很重要的一点就是现实地对待这个问题，因为如果期望值过于理想化，即使你干得很不错，也会觉得自己在赔钱，这会导致你因为追求太高、太不现实的目标而冒不必要的风险；另一方面，如果你在某一笔交易中获取了很高的利润，就会幻想所有的交易都应该如此成功。

美国南得克萨斯货币管理公司首席执行官珍宁·怀亚特说：“从一开始，投资者就应该清楚地知道自己想实现多少利润和愿意承受多少损失。”计划周密的战略应包括时间范围、承受能力、可投资资产的数量以及未来计划投资的数量在内的若干个重要因素。

一个完整投资计划从大的方面说主要是由两个方面组成的：一方面是

选择明显的低风险投资机会进场参与交易：另一方面就是合理地分配和使用资金。按严格的资金比例并且严格制定加仓以及止损计划。在进场的时候心理影响已经很小了，因为已经知道，最大可能会亏损多少钱，通常这笔钱是能够被接受的，尽管不愿意亏损。

这样进行投资有两种可能，第一是失败，只是亏损预先计划的那么多，或者比这个更多一些。但还能够承受，尽管会后悔，但并不绝望，然后总结教训。至于成功就不用说了，没什么可高兴的，只是执行了计划而已，并且说明制定的计划是有效果的。做好股票交易的关键是要有计划地进行实实在在的交易，其成功的可能性应该很大——也就是说要有一个很有利的风险—收益比。如果你的股票炒得不错，收益很高，你也就算是尽职尽责，大功告成了。如果有时候你的收益还超出了原先的期望，就权当是天上掉下来的馅饼。

许多人误以为市场行为是完全可以预测的。绝对不是如此。在市场中交易，是一场有关胜算的游戏，目标是要永远掌握胜算。犹如任何有关的游戏一样，为了赢取胜利，必须了解并遵守规则。然而，投资计划有一项最大的不同，它的主要功能是克制你的情绪。假如已经具备投资的必要知识，其中最困难的部分是以正确的方法执行交易。这便是投资计划的功能。

作为成功的投资，追求的是稳定而持久的赢利，而不是一夜暴富的神话。尽管神话可能出现在身边，但是大家要知道，赢利翻番可能会有许多次，但破产只要一次就够了。

投资计划的宗旨，是在人性的许可范围内，尽量以客观而一致的态度交易。如果没有投资计划，那么愿望可能主导投资决策，在市场交易中，人的愿望十之八九无法实现。另外,在市场上，没有不犯错误的人，这一点和生活中一样，所以说，教给你最多东西的是错误而不是成功，计划你的交易，交易你的计划才是胜利的根本。

No!

用价格来判断一只股票是否值得投资

投资者最普遍追踪的信息是股价，但它却是投资者所能追踪到的最没有价值的信息。以价格判断公司股票是否值得投资，是投资者最错误的做法，因为它会让投资者在股市持续下跌或股价盘整时，对公司丧失信心，而往往在股价跌到最低时，杀出手中的持股。同时，只以价格做买卖股票的判断，也会让投资者错失最好的买点，因为当一个本质好的公司其股价在回档过程中，这类投资者也不敢贸然买进。

股票在市场上的买卖价格，是每一个投资者最关心的问题。自从有了股票市场，各种股市分析专家和资深的投资者便孜孜不倦地探求分析和预测股价的方法，有些人从市场供需关系入手，演变成股价技术分析方法，有些人从影响股价的因素关系分析入手，形成了股价基本分析方法。但股价是投资者所能找到的最没有价值的信息。股票的价格往往会传达错误的信息。如果你不钟爱的网络公司的股价是 30 美元，你喜欢的网络公司的股价是 10 美元，那么只注意股价的投资者就会认为自己所喜欢的那一家公司更好，这是一种非常危险的错觉。

几乎每个人每天都要做着“买与卖”：我们总会在“卖”着东西，或“买”着东西，或消耗着“买卖”来的东西。这些事与物的价格无时不在填充着我们的视野和脑海。我们已经习惯了用“价格”来表述着“价值”，进而顺理成章地把“价值”等同于“价格”。而在投资领域中，认识并能清晰地分析出“价格”与“价值”，是一个投资者从不成熟走向成熟的标志。

价格是你所付出的，而价值是你所得到的。同一种物质的价格和价值通常情况下是相等的，但也有时价值和价格并不相等甚至有着惊人的差别。一个简单的假设：一辆新自行车在商场出售，标价300元，现在我们假设这是一个基本合理的价格（价格等于价值）。如果骑着这辆车子去街上转一圈，车子上沾了很多泥之后不清洗就摆到商场里出售，那么它的定价一定远远低于300元，虽然车子的价值并没有改变但是价格却低了很多。一个明智的人碰到这种情况肯定会选择以便宜的价格购买那辆沾了泥土的车子。不可思议的是，一旦换了个环境大多数人可就不会这么想问题了，比如在看待上市公司的问题上。

不管牛市还是熊市，无论当时的股价如何，最终优秀公司的股票将会上涨而普通公司的股票将会下跌，并且投资于这两类不同公司的投资者也会得到各自不同的回报。

<<【事例】

以合理的价格买进

中石油是行业内最大的油气生产销售商。2000年4月7日，中石油全球初次公开发售每股面值为1元人民币的175.82418亿股的股票，其中H股134.47897亿股，4134.521万股为美国存托凭证——ADR（每一单位ADR等于100股H股）。

巴菲特在2000年买进中石油H股时，当时中石油H股的股价只有1.10港元，他以1.10港元到1.20港元之间的价格买进了11.09亿股中石油H股；随后又以1.61港元至1.67港元不等的价格增持8.58亿股中石油H股。当中石油H股的股价已达到了11港元以上，甚至达到了15港元，中石油H股的股价已不再被低估了，在这种情况下，巴菲特大量抛出自己手中的中石油股份。尽管他的减持同样也令人难以认可。一方面，世界油价还在大幅上涨；另一方面中国市场的石油需求旺盛，并且中石油A股上市在即。此时减持中石油，难免被认为是“错杀”。

不过巴菲特的投资更体现了价值投资的原则，2000年巴菲特买进中石油，是因为中石油价值被低估。而如今卖出中石油，是因为中石油的价值得到了较好的体现。他解释说：“一家公司必须有持续发展的潜质、有能力并值得信赖的管理层、合适的价格，才会被我关注。”

【解读】>>

巴菲特是一个真正的价值投资者，这是目前A股市场上那些打着价值投资旗号、行价值投机之实，甚至投机炒作的投资基金等机构投资者所不能比拟的。而正因为巴菲特是一个真正的价值投资者，所以，当2000年中石油H股的股价被严重低估的时候，巴菲特以自己的慧眼发现了这颗将要光彩夺目的明珠，而且持有时间长达7年。

价值投资是巴菲特的核心投资原则，把钱投资在产业有优势、商品有特色，以及就算价格上涨也不会失去消费者的公司，搭配逢低买进价值被低估的股票、加以长期持有等投资策略，来获取长期收益。简单地说就是，以低于1美元的价格买入有1美元价值的东西。

华尔街有两位“炒手”不断交易一罐沙丁鱼罐头，每一次甲方都用更高的价钱从乙方手里买进，这样双方都赚了不少钱。一天，甲决定打开罐头看看：一罐沙丁鱼为什么要卖这么高价钱？结果令他大吃一惊：鱼是臭的！他为此指责对方。乙的回答是：罐头是用来交易的，不是用来吃的啊！这就是股价和股票所代表价值的关系。股价并不能反映一切，过于关注股票的价格变动，而忽略了股票的内在规律，是没有好果子吃。只有从一个价格关心者变成一个价值关注者，才是成熟的投资者。

巴菲特非常注重一项投资理念：买股票，就是投资那间公司。他希望投资者买股票，应该要将自己想象成公司的所有者之一，而不单只是一张股票凭证的持有者。他说：“不要受限于每日股价的涨跌或总体经济的变化，投资的精髓，就是要看企业本身，看这个公司在10年后的发展如何，也要看你对公司的业务了解程度，以及你是否能喜欢与信任该公司的管理层，如果价值被低估、且股票价格适当，就可以也应该持有。”他也曾表示，希望永久持有可口可乐、美国运通等4家企业股票。目前巴菲特持有可口可乐股票已长达20多年，美国运通也持有长达15年以上。

1994年到1998年间，网络股与科技股推□美国股市达到巅峰，然而这两类股票巴菲特却始终没碰过，使得1999年成为巴菲特投资历史上业绩最为空白的一页。但随着网络泡沫化，接连3年的股市跌幅深逾五成，此时的巴菲特又再次出人意料地在这3年赚到一成收益，正负相加，巴菲特以60%的正向操作表现凌驾于大盘之上。巴菲特拒绝网络股的理由只有一个，他对这个不懂。

试想一下，一颗同样大小的玻璃球和钻石，玻璃球2元钱一个，钻石20万元一个，你又会投资哪一个呢？

<<【总结】

在股市上有这样一个比喻，股票的价格是狗，而其价值是狗的主人，狗在主人附近跑，一会儿近，一会儿远，跑丢了是很少发生的事。价格忽高忽低，但永远围绕价值在波动；波动是正常的，但价格迟早要回归价值。因此好公司股票的价值会随着时间而增加，差公司股票的价值却随着时间而减少。

很多时候，普通投资者把希望寄托于分析师身上，指望他们的报告能带来更准确的投资方向，而往往一个尽心尽职的分析师也不能准确判断市场走势。不可否认，对股价走势的正确判断有时候能有助于指导短中线买卖方向，但是，对于全面和正确判断股票投资价值来说，是远远不够的。因为好公司股票的价格不一定立即反映到价值上，可能好公司股票一段时间内价格被低估，不涨还跌；差公司股票的价格也不一定立即反映到价值上，可能差公司股票一段时间内价格被高估，不跌还涨；价格与价值的对应关系短期内极其可能严重错位，狗跑得离主人很远的地方这样的事也时有发生。

巴菲特的成功投资哲学中有一个核心的思想：买进的是价值（价格低

于价值），卖出的是价格（价值低于价格）。就凭着这种简直有些不可思议的简单哲理，他便叱咤股市风云几十载，最终成为屹立于全世界的股坛教主。由此可见，按绝对价值买入的股票，无论在什么样的市场，也无论在什么样的世道下，首先是能让人坦然面对的。

但要做到这一点，并非那么简单。因为我们时常被价格所蒙蔽，而忽略了价值。以股价来判断一只股票是否具有投资价值，就好比以外表来择偶一样，但一个人的外表往往会传达错误的信息。如果一个人长相漂亮、穿着时尚，但一无是处，而另外一个人相貌平常、穿着普通，但才能过人，你会选择哪个人作为自己的终生伴侣呢?

有一个女孩在谈到找男朋友时这样说："男的嘛，不用太好看。再说，好看的会越来越丑，不好看的，说不定越来越好看。"外表是择偶所有条件里最没有价值的信息。无论是在股市还是在非上市的公司股权交易市场里，那些华而不实的，漂亮的，好看的，价格都是奇高者。"再好的公司也会被高高在上的价格毁掉"。好看的变丑的概率会越来越大。这符合盛极而衰、物极必反的自然之理。而那些现在还不好看的，或者说关键环节已经很出色的，比如人之内在气质，企业之优秀文化，但此人慧于中而尚未秀于外，此企业活力已足但业绩回报还未显现（你知道这些都需要时间），或许正是结交之时，投资之际。

很多人以股票的市净率市赢率来判断是否值得投资，但股票未来的价格还要取决于对未来的资产价值走向的判断和市场资金总量的供求关系。不能静态地看一只股票的市净率市赢率，投资者要做的不是去投资一个企业的现在，而应该是这个企业的未来。无论是选老公还是老婆，都要考虑他（她）的未来价值。股票价格围绕股票价值波动，低买高卖就是非常简单的赢利办法，但股票价值又是变动的，股票的价格取决于投资者的需求，而影响投资需求的因素非常多，但主要取决于对未来价值的预期，也就是企业的成长性。因此股票之间可以对比的指标是预期市赢率，而不是目前的价格和价值，所以好股票价格高了也不能卖，差股票价格足够低也不能买。

无论如何，就股价的全过程而言，或许终究将反映一切，但决不是现在的股价就能反映一切，也不可能现在的股价就反映了未来的一切。对投资价值的分析，离不开对公司基本面的翔实分析，而不能仅靠分析股价。正是由于这样，对于依据股价分析得出的判断，理智的分析师通常不会轻易地同投资价值挂钩，而是宁可直言不讳地以投机价值名之。投机在股市中不一定是个贬义词，至少在这里，用投机价值比之于投资价值可以更确切地说明分析师对股价的判断和投资建议，从而避免对投资者产生不必要的误导。换言之，股价可以反映投机价值，但未必反映投资价值。

最后你要记住的是要谨慎操作。巴菲特曾说："投资者需谨记，头脑发热和高昂成本乃是其大敌。"他持有中石油近5年的时间中，绝大部分时间都没有操作，这不但是一种信念的坚守，同时也避免了过多的操作带来的交易成本。记住，想躲过市值大幅缩水的大劫，无论哪一次，不要冀望于退在最高点、最高价。更重要的是，退了，指数还在涨，需要管得住自己，因为，指数上涨，并不意味着你就一定赚钱，当然也不意味着别人都能把赚的钱揣在兜里。巴菲特有着精深博大的选股思路和眼光，对于一般投资者一时半会学不会。那么，就从最简单的入手：赚走自己看得明白的钱。

No!

高价股难涨

不是所有投资者都喜欢“高空作业”的，大部分投资者都有“恐高症”。然而，高价股之所以高价与它们优良的经营业绩有较大的关系，只要上市公司经营业绩能够出现不断增长，其股价也会水涨船高，高价股也就值得投资。

大部分投资者都有“恐高症”，他们的理由就是“我是散户，我钱少，所以我只能买便宜的股票。”然后买了一大堆两三元钱的股票，当然牛市里碰到资产重组，其中有很多股票还能成为大黑马，不过一般这种股票等真的拉两个涨停他们就急着抛出了。而真碰到倒霉的，三元钱买进的股票说是要退市了也不是没有，那种股票倒是能捂得住的，一两个月下来跌了一大半，或许真的跌进了三板，只剩下小数点后不到三毛钱的零头了。

价格已经如此高的个股，会继续上涨吗？其下跌的风险是否已在慢慢积聚？从价格本身的角度看，高价股的高价反映出投资者对这些个股的看法。由于价高占用资金多，从资金运用的角度看并不划算，因此一般的投资者不会去买。实际上，牛市里那些高价股涨势并不输给连续涨停的低价股。对普通投资者而言，资金1万和资金100万的操作其实应该是一样的，正因为有股价高就不敢买的散户思想，所以散户永远就只能是散户了。

看看市场的高价股，从贵州茅台、苏宁电器、中兴通讯、深赤湾、中集集团，到烟台万华、上海机场、同仁堂、云南白药、西山煤电、上港集箱等等，都是基金重仓，也基本是高价股。在价值投资的深化下，市场股价也会出现层次化，好公司会成为资金追逐的对象，股价不断上涨，即使成为高价股，由于估值低，还会有不断的买盘，股价的重心会不断上移。只要基本面良好，只要估值合理，物有所值，一样可以买入。买真正意义上的便宜股，而不太在乎股价高低，一些高价股、强势股、流通性好的股票，可能正是投资者要买的“便宜股”。

低价股之所以低价关键是其业绩差，在价值投资理念逐步占主导地位时更难以得到机构投资者的认同。但许多中小投资者在买股票时，主要看股价的高低，认为股价便宜的股票未来上涨空间大。但没有业绩支撑的股票是“涨得高跌得重”，在股市暴跌中正是那些绩差股股价大多被腰斩。尽管大盘不断创出新高，这些低价股仍然在低位，离高点还有相当的距离，要解套显得遥遥无期。

高价股就完全不同了。好企业不断增长的业绩会成为其股价不断上涨的动力。未来高价股能否进一步向上拓展，关键是看这些公司未来能否创造更好的经营业绩。由“股神”巴菲特领导的伯克希尔公司由于其不断增长的优秀盈利水平，其在二级市场的股价也是不断上涨，最高超过了11万美元一股。由此看来，只要上市公司经营业绩能够出现不断增长，其股价也会水涨船高，高价股股价其实并不高。这些高价股，很有可能成为未来市场中的“贵族股”。比如，贵州茅台不但市场巨大，而且是各种形象的代表，其内涵可以延伸到这个范围较广的板块内部，如贵州茅台的涨幅就曾高达400%，并带动了张裕A、五粮液、山西汾酒这些中高价股涨幅普遍高达3至6倍。所以在这些中高价股中，真正有带动性的个股如果能成为新的百元股，不但将成就自身的辉煌，而且也在其延伸的板块内塑造新的暴利神话，甚至由高价股变成贵族股。

不是所有投资者都喜欢“高空作业”的，尽管“恐高症”依然存在，但不再是具体操作的障碍。市场是逐利的，盘面会反映一切，包括基本面、市场信息，那些能够成为强势股，一定有市场的理由。只要坚持以公司的经营业绩及未来的成长性作为选股的依据，合理地操作，就能把握市场主要的盈利机会。而不是津津乐道于追一两个涨停板，抛掉，再换一个股票去追逐涨停，这种操作手法又累又赚不到大钱。

No!

大量购买每股单价极低的股票

没有人相信驴能追上千里马，但却总有人相信低价股会帮他们赚钱。很多人认为以100股或1000股的整手数买入较多的股票是更为聪明的做法，因为他们觉得会因此赚更多的钱，这就好比驴越多越能跑过千里马一样可笑。你要记住，你需要考虑的不是买了多少股，而是投进了多少钱。股票和其他商品一样，没有千金，是买不到千里马的。想要跑赢千里马，除非你坐在马背上。

对绩差股我们只有一个办法，那就是避而远之。一些投资者买股票只买10元以下的，其实股市投资选股标准应以低市盈率、高成长性、庄家实力雄厚、股性活的上市公司为主，这些股票的价格往往不是很低，但单位时间内上涨力度与获利率却相当可观。投资股票不是以你买入了多少股计算，而以投入多少资金计算；不是以你在某只股票的单价上挣了多少钱计算，而是以你的资金增幅百分比计算。如果股票价格很低，只能说明该上市公司业绩太差或前景堪忧。

炒股不能哪个价低买哪个。这明显是个误区，一件物品值10元钱，你花10元钱以下买才值，如果说这件物品本来值5元钱，你花了10元钱买，这就是不明智的投资。重要的是投资者买的是物有所值的东西，如果你背离了价值投资的原则，必有风险。对于初入股市的投资者来说，买第一只股票的时候由于投资经验、投资技巧都比较欠缺，因此，我们建议他们尽量不要去买那些业绩亏损的“题材股”，因为，如果买了绩优股即使是整个市场出现回调，只要通过长期持有，就你能化解这种风险，逐步地摊薄成本，总能等到“云开雾散见太阳”的那一天，而如果买了绩差股，就不一定能通过长期持有来化解风险，一旦因连续三年亏损而退市的话，更是解套无望，令你损失惨重。

实际上，投资每股30元或50元股价较高、业绩较好的公司，成果会更令人满意。而对于每股2.5元或10元的股票，很多投资者都无法抗拒，但是要知道，之所以如此贱价总是有其原因的。这些公司要不是过去一直表现不佳，就是现在遇到了什么问题。股票和其他商品一样，没有千金，是买不到千里马的。

<<【事例】

选股如选千里马

秦国国君穆公对伯乐说：“您的年龄大了，你的家族有能相马的人吗？”伯乐回答说：“良马可以从它的形体相貌筋骨看出来。天下最好的马，若隐若现，似有似无，要相那种无法看见其扬起的尘埃和足迹的马，在下的后辈都是下等的才能啊，虽然他们可以告诉你哪是良马，但却没能力告诉你哪是天下最好的马。与我曾经一起挑担捡柴的人之中，有一个叫九方皋的，这个人在相马方面不比我差。您召见他吧。”

于是穆公下令召见九方皋，让他出去找马，三个月后九方皋回来说：“已经找到了，在沙丘那个地方。”穆公说：“什么样的马？”回答说：“黄色的母马。”穆公派人去取回那匹马，看到的却是一匹黑色的公马。穆公很不高兴，召见伯乐并对他说：“扫兴，您推荐的相马的人！连颜色公母都分不清，还能知道什么是天下最好的马啊？”

伯乐喟然叹息道：“九方皋选马已经到了非常高的境界了，这是千万个我也无法比的啊。像九方皋他所看见的，是内在素质，发现它的精髓而不管其他，关注它的内在而忘记了它的外表；关注他该关注的，不去注意不该注意的，看见应该看的方面，所以疏忽了他不在意的方面。像九方皋这样的相马人，比再好的马还要宝贵啊。”事实也验证了九方皋所选的马正是天下最好的马。

【解读】>>

股票似与马有不解之缘。如股民常把原本名不见经传而快速攀升的股票形象地称之为“黑马”。炒股必须经历的四个环节，即选、买、捂、卖也相应地比做“选马”、“养马”、“驭马”、“下马”。“世有伯乐，然后有千里马”，“千里马常有，而伯乐不常有”，看马似看人，选股如选马。

选马要有眼力。大量购买每股单价极低的股票，从不购买少量的每股单价较高的股票。就好像买了一群驴，即使再多也无法追上千里马，让驴去追千里马岂不是笑话？那么，一个人如何跑赢千里马？答案是，没有人能跑得过，除非你骑在马背上。

《林奇·彼得的成功投资》中有这样一段话：“每股只有3元，我能失去什么？你听过这句话多少遍了？可能你自己也这样说过，当你遇到的股票每股只卖3美元的时候，你会在想‘这总比那些每股50美元的股票安全得多’。无论股价是50美元还是1美元，最终当这只股票跌为零时你会失去一切。投资者以每股50美元买入后损失99%的投资额与他以每股3美元的价格买入后损失83%的投资额，又有什么不同呢？

“问题是糟糕的便宜股和糟糕的高价股在下跌过程中同样危险。如果你以同样的投资分别购买股价为43美元的股票和股价为3美元的股票，然后两只股票同时跌到零，你所遭受的损失是一样的。不管你在哪个价位购买下跌的股票，结局都是一样的。许多投资者抵抗不住每股只需3美元的诱惑而去买这只股票并对自己说：“我又能失去什么呢？”很有趣的是职业的卖空专家都是从股票的下跌过程中获取利润的，通常他们都是在底位而非高位进货。对于他们来说8美元或6美元的进货与60美元的进货没有什么区别，如果股价已经到了低位，他们将获取同样的利润。猜想他们会将股价为8美元或6美元的股票卖给谁呢？而那些不幸的投资者在说：‘我们又能失去什么呢？’”

当然，伯乐的眼力不是什么人都有的，它倚仗的是对大势的研判和对个股的分析。股市里历史上最伟大的投资者，同时也是最著名的“选马者”与“养马者”巴菲特就是最好的证明。股票喜怒无常，似野马者颇多，让人难以驾驭。这样的股票，虽宜短期炒作，从中获取差价，但也最难把握，一般人（如没有时间、没有经验、没有资金）与其侥幸一试，不如敬而远之。如不小心骑上了，那也该早早下马为妙。不然，等到失蹄摔下，就会鼻青脸肿。何时何地该下马最需要果断，不论注定马到成功，还是依然路途遥遥，一旦看清去向，何去何从就应早早了断，不可心存侥幸心理，贪图蝇头小利，更不可执迷不悟、一味执著。

绝大多数的股民无不希望能选中一匹千里马，但最终能选得好马、养得马壮，又能驭得好马、下得壮马而成全功者，寥寥无几，否则，哪有巴菲特、索罗斯的傲视群雄，富可敌国！好股票如好马，都是“养”出来的。如果你是个初入股市的人，最好不要试图寻找“千里马”，除非你财力十足，资金充沛，并且还有超级的“驭马”经验。正如如果你刚开始学习游泳，能游起来就很好。如果你还不是专业的运动员，那你就把游泳作为一种锻炼身体的方法好了，对于各种花样、高台跳水，欣赏而不羡慕，更不去尝试，因为那些不在你的“能力范围”。要先求一垒安打，别眼高手低。棒球选手如果只想打全垒打，其结果是被三振出局的概率高于只想击出安打的球员，股市投资的道理亦同。百万富翁并不是因为投资高风险的股票而致富，他们投资的是一般的绩优股，也就是有潜力成为“千里马”的“绩优马”。一骑绝尘的“千里马”难寻，但只要靠眼力选好马，靠耐力养好马，靠能力驾好马，靠魄力下好马，你便“驷马难追”了。

低价意味着低风险

“1 元的基金或股票，能让我损失什么?”这是许多投资人的想法。低价的特性会使炒作成本下降，容易引起主力的关注，容易控制筹码，由于比例的效应，低价股上涨时获利的比率更大，获利空间与想象空间均更广阔。然而，如果你面对的是一群“坏孩子”，情况会怎样?绝不要简单地以为低价就意味低风险，有时候，“坏孩子”会带来更大的风险。

低价基金、低价股，是一部分投资人最为青睐的目标，你如果让他们说说为什么，大多数投资人会回答因为“它们可以下跌的空间小”、“不至于跌到没有吧”、“高价基金和股票多吓人呀，一跌就是几块甚至十几块没有了”……诸如此类，一言以蔽之，他们中的绝大多数认为低价基金和低价股的风险低于高价基金和高价股，而这正是投资理财中的一个较为普遍的误区。

如果某投资者申购了一只 1 元的基金、一只 5 元的基金各 1 万元，这时正好遇到市场深幅回调，指数跌幅达到 10%，这两只基金由于是同一家基金公司的股票型基金，投资组合和仓位有些雷同，一只跌到了 0.92 元，一只跌到 4.6 元，那么这位投资者在两只基金上分别投入的 1 万元损失都在 800 元。在这个例子中，相对低价的基金是否风险更低呢？这显然是不对的。

其实，单纯论价高价低，不能评判基金和股票的风险大小，同样数目的资金投资不同价格的基金或股票，低价的可买数量会多于高价的，虽然低价基金或股票看似跌得比高价股少，但数量大，它们可亏损的比例是相同的。

如果从投资价值的角度来说，高价基金或股票有可能风险还小于低价的品种（当然，也有大于的情况）。

对于基金，其风险大小来自于基金持有的股票、债券等一系列金融资产的风险程度，因此，即使将来 A 股市场出现 100 块的基金，它的风险也不一定高于 1 元的基金；对于股票，“低价意味着低风险”的想法则更不可取，股票的价值来自于其未来的现金流，简单地说，也就是未来的盈利能力，同行业的两只股票，一只在未来两年分别可盈利 2 元或 3 元的股票如果定价在 60 元，那比一只未来两年只能赚取 1 毛或 1 毛 2、定价在 3 元的股票相应来说还要便宜，风险也相对低些，因为那只高价股的成长性也要好于那只低价股。

因此，迷恋低价基金、低价股大可不必，它们给你的所谓“安全感”其实并不一定是真实的。

好企业就是好投资

好企业就和美女帅哥一样受人追捧，“要价”都很高。而且股权投资仅有一个目的，就是为投资者赚钱。价格太高了，你可能要等待很长时间，才会有利润。而对于投资来说，长时间不仅是巨大的成本，更意味着风险，你无法预期很长的时间会发生什么变故。但是一般来说，好企业中，产生好投资的概率大很多。

投资股票就如借给别人钱，你是把钱借给你相信的人，还是不相信的人？你是把钱借给有偿还能力的人，还是你把钱借给没有偿还能力的人？你是把钱借给有给你分红回报的人，还是你把钱借给没有给你分红回报的人？所有人的答案只有一个，希望把钱借给前者。这些人也就是我们所说的好公司、好企业。不过在股市上，投资好企业并不等于就是一项好投资。因为投资是要在尽可能低的价格条件下，买入股票。如果买入价格很高的话，你可能要持有很长时间才能获得收益。所以，不能听说是好公司，就立刻买入公司的股票。其次，短期内公司股价的涨跌原因复杂，与业绩没有必然的联系。否则的话，股市也就太简单了。

一般来说，好企业中产生好投资的概率大很多。尤其是你发现了好企业的时候，要一直关注它，“在它落魄的时候，或者在市场先生癫狂犯错误的时候”（巴菲特语），买进这些企业的股权。毕竟好公司的股权不会变老，你可以等待。

<<【事例】

好公司未必就是好投资

星巴克在全美各地乃至世界各大都市迅速蔓延，已经成为许多人生活中不可缺少的一部分。它已经成为许多人会朋友的场所，曼哈顿上西部的星巴克成了妈妈带孩子聚会的好地方。学生们则可以带着笔记本电脑在里面泡一天，对他们来说，星巴克是提供咖啡和零食的“公共图书馆”。星巴克现已遍布全美 50 州，共有 6010 家自营零售店，还有 3391 家授权经营店。星巴克已经走向世界，在 38 个国家和地区开设了 1511 家店，另外还有 2256 家合资或授权经营的分店。

星巴克已成为当今家喻户晓的全球精品咖啡领导品牌。它不但为消费者提供高质量的咖啡与服务，还提倡咖啡文化，让顾客享受“咖啡体验”。于是，只值 60 美分的一杯咖啡可以卖到 4 美元。咖啡店的店铺设计新颖舒适，试图为顾客营造一个另类空间，也就是在居家与办公室之外，品尝咖啡、休闲会友的第三个去处。星巴克经营有方，还善待职工，提倡环保。星巴克的使命宣言是，要将其建成全球精品咖啡的翘楚。2007 年，星巴克被《财富》杂志评为“100 家最佳就职公司”之一，并且连续四年上榜《商业伦理》的“100 家最佳企业公民”。

2007 年，星巴克财运不济，市场竞争加剧，利润率下降，销售额也开始下滑，于是，其股票价格（Ticker：SBUX）从 2006 年 11 月 16 日的 52 周最高值 40 美元跌到了 31 美元。更倒霉和具有讽刺意味的是，《消费者报告》评定，麦当劳的咖啡比星巴克的还好！

星巴克总裁沃德·舒尔茨指出，星巴克迅速发展，设备更新，自动化的卡布奇诺器取代了手工咖啡器，却丢掉了一份浪漫；咖啡都密封在严实的塑料袋里，倒是保鲜了，但店里不再溢满咖啡的香味。舒尔茨强力呼吁部下，回到星巴克的商业经营核心，实施必要的改革，重归传统，找回激情，重新享受真正的“咖啡体验”。星巴克的忠实顾客看了报道极为振奋，认为他们喜爱的咖啡店也许能找回丧失的“灵魂”。可是华尔街却大为担心，因为寻旧的温情与星巴克现今急速发展的模式格格不入。星巴克重回“温馨邻里小店”，无疑要放慢建店的速度；可是一旦放慢发展，其股票就会大跌特跌。这就是华尔街上铁定的逻辑。

舒尔茨虽然怀旧，却也明白昨日无法重现。他接受采访时，专拣华尔街爱听的说，称星巴克在今后的三到五年内，每年销售额要增长20%，每股盈利增长将达到20%-25%；星巴克的最终目标是在全球建立4万家咖啡店。尽管华尔街爱听宏伟规划，但也觉得这个目标听上去有点悬，要知道，遍布全世界的麦当劳也才不过有3万家分店。

星巴克的市盈率高峰值49倍跌到29倍，而且还有可能继续下跌！星巴克虽然是个好公司，但是如果你在不适时宜的时候买进这只股票，你可能已经丢了大部分本钱。星巴克仍然是个好公司，可它的股票现在还是不是好股，那可就说不准了。

【解读】>>

什么是好企业，那么多类型，又如何识别？简单地说，好企业就等于赚钱机器。这一头，把钱投进去，那一头，拿出来更多的钱，像是面粉加工机，吃进去小麦，流出面粉。作为赚钱机器，有三个环节：原料、加工能力和产品。另外，还要注意这些环节的简单性。不论哪个环节出了小问题，都会给整个系统的带来损失，甚至出现“拆东墙补西墙”的破坏性错误。复杂系统的稳定性可靠性要低于简单系统，且维护成本远高于简单系统。因此，维持有足够竞争力的确定性和持续性都会大打折扣，未来预期受到影响，股权投资的价值因此降低。因为，投资人的心理，与其说在寻找一台“赚钱机器”，莫如说更想找到一台“印钞机”。

但买入好企业的股票就是一笔是好投资吗？未必。这个问题有时颇为令人困惑。“好的公司如果不是好的投资，难道烂的公司才是好的投资？”当然不是。你该记住，好公司买个好价钱才是好投资。如果在历史高位买进好公司股票，很难成为好的投资。巴菲强调成功投资的重要因素，取决于企业的实质价值，和支付一个合理划算的交易价格。当大企业有暂时性的麻烦或股市下跌，并创造出有利可图的交易股价，应进场买下这些大企业的股票，研究该公司的现况和财务情形，并评估公司将来的展望，当一切都合你意的时候，就毫不犹豫地买下它。

投资本身的过程，就是一个赚钱系统：甄选理想价位的好企业→买入并持有→在理想的价位卖出。但如何购买理想价位好的公司的股票呢？要想获得正确的答案，不能不涉及一个更基本的问题，那就是股市通常如何评估股票。称一个公司是“好公司”是对它过去的肯定，但是市场看重的是未来。上面的星巴克的股市前景究竟如何?

一般来说，股票可分为成长股和价值股。对星巴克，华尔街人士分成对立的两派：一派建议买进，一派主张卖出。前者认为，星巴克仍是成长股；后者则认为，星巴克已经在向价值股转型了。这两种意见相持不下，而星巴克的市盈率又似乎处于灰色地带，可以分别用来为两派提供论据。星巴克 2007 年每股盈余预期是 89 美分，以此计算，它的市盈率是 36 倍；而以 2008 年预计的 1.36 美元的每股盈余值计算，市盈率是 29 倍。这样一个数据说明了什么呢?

买进派认为，星巴克的股票比以往已经便宜许多，股票会反弹回来的。这派人相信，星巴克的新店建设还没有“过饱和”，尽管加州已经有 2200 家星巴克店，可麻省还不到 200 家，佛蒙特州才 4 家。还有中国那个“无穷尽”的市场呢！星巴克在全球发展到 4 万家店，绝无问题。如果每年营业额能有 20%的增长率，36 倍的市盈率也不为过，星巴克市盈率在 2006 年 4 月还高达 49 倍呢!

反对派认为，星巴克处在倍数压缩的过程中，36 倍的市盈率仍然太高，股票还会继续下滑。麦当劳的 2008 年市盈率是 16.8 倍，而 S&P500（美国 500 家大公司）的 2008 年市盈率只有 15.8 倍。这派人士认为，星巴克店即使不断建店，增长率也已经低于从前，而且每家店的生产率也会降低。建这么多店，招雇员工都是个问题！星巴克的多数店都没有足够厨房设备提供热早餐，那怎么和早餐极受欢迎的麦当劳竞争呢？星巴克毕竟是咖啡店，不是餐馆。

加拿大帝国商业银行的一位卖方分析员作了案例分析。他选了曾像星巴克一样高增长、高市盈率的零售行业的九家公司，包括沃尔玛和家得宝，发现它们在从增长型转变为价值型的过程中，市盈率比高峰期平均跌了 35 个倍数。

一般来讲，价值投资主要体现于寻找好公司、投资于好公司。只不过，好公司和好股票还是有些区别的。因此，不要以为好公司的股票就是一笔好投资。

在好企业中“翻”出好投资

虽然好的企业未必是好的投资，但是好的投资大多是产生于好的企业当中的。所以，我们的投资策略是首先找到好的企业，再从其中找出好的投资目标。

很多企业都很好，它对社会的贡献很大。像一些竞争性的行业，它的东西很便宜，老百姓也都受惠，但是作为投资人的角度来看就不一定是一个好企业。因为我们投资的目的是希望它给你带来利润，一个投资人所说的好企业和人们对它的尊敬度，和它对社会的贡献是不搭界的。

什么样的企业才是好企业呢？首先是它是一个赚钱机器，可以满足赚钱机器这一概念。这是投资最重要的标准。因此，你要分析它的赚钱总量。这个不能低，我们的投资小，产出无限大，这才是我们钟爱的企业。

最重要性就是确定性，投资首先要考虑到风险。A 股上市一千多家企业，绝大多数的企业，我们都不能一一搞清楚，搞不清楚就是风险，这就是不确定。我们怎么判断投资的确定性，就是你搞清楚这个企业如何投资，越简单越好。

巴菲特相信，正确的投资方式是把大量的资金，投入到那些你了解，而且对其经营深具信心的企业。无论是收购一个企业，或者只是持有该企业部份的股票，巴菲特都遵守同样的投资策略：寻找他所了解的、且利于长期投资的公司。同时该公司的管理阶层必须诚实且具备了管理的才能，最重要的是价格要吸引人。巴菲特说：我们在投资的时候，要将自己看成是企业分析家，而不是市场分析师，更不是有价证券分析师。巴菲特在评估一项潜在交易或是买进股票的时候，他会先以企业主的观点出发，衡量该公司经营体系所有质与量的层面，财务状况以及收购价格。

再有就是寻找婴儿型的股本巨人品牌的企业。范围再缩小，我们要找的企业一定是一些小股本的。也就是婴儿型的企业，股本很小，但是在行业中已经数一数二了，市场占有的份额非常高。这种企业是最容易涨的，我们要找未来三年涨十倍到二十倍的企业，这种企业的盈利能力特别强。

这种企业会在什么企业中产生呢？我们所说的就是选择婴儿的股本，巨人品牌的企业。还有就是选择一些没有竞争对手的垄断企业，好的企业是没有竞争对手的，是排他的。没有竞争对手的企业是最有竞争力的，一个企业连竞争对手都没有，这个企业实际上是最有竞争力的。此外选择一些在目前激烈市场竞争中出来的好企业，比如伊利、蒙牛也是我们选择的好企业。最后一点，优质、稀缺的资源，我们的策略就是不断地买进，你能拥有它是最大的幸福。比如黄山旅游，因为全世界其他地方没有这种东西，它是稀缺的。

圈定了好企业的范围，接着需要在好企业中选出好的投资。这需要一家一家去研究。林奇说：“去翻石头，翻的越多，找到金子的机会越多。”投资研究也是一件辛苦工作，与地质勘探队找矿何其相似。缩小“目标圈”的简单办法就是：用市盈率作为指标，给你所选择的这些好企业排排队，先从最低市盈率的公司开始“翻”，总之，低一些会相对安全一些。低一些的市盈率，意味着低一些的估值水平，多一些的安全边际。

【总结】

股票市场实际上是企业的交易平台。我们不去看它是投资还是投机，既然是一个交易平台，股市是怎么赚钱的呢？赚谁的钱？可以这样理解，你是分享企业成长的利润，这一点与炒买炒卖获利不同，也是投资的根基所在。我们投资企业的钱，当企业经营的业绩好了，股市给它一个正市盈率的放大，我们分享收益。为什么会亏呢？是企业经营不好，企业赔钱了，作为它的投资者肯定要赔钱。投资股市的根本就是投资你所选择的企业，只要经济持续向好，就不会有错。

投资人财务上的成功，和他对自己所做投资的了解程度成正比。因为只在他了解的范围内选择企业，所以他对所投资的企业一直有高度的了解。投资的成功与否并非取决于你了解的有多少，而是在于你能否老老实实地承认自己所不知道的东西。投资人并不需要做对很多事情，重要的是要能不犯重的过错。在巴菲特的经验里，以一些平凡的方法就能够得到平均以上的投资成果。重点是你如何把一些平凡的事，做得极不平凡。

你不应该去碰那些复杂的企业，对于那些正因面临难题而苦恼，或因为先前的计划失败，而打算彻底改变营运方向的企业，也应敬而远之。你还要相信，很多企业搞多元化，搞重组，让人眼花缭乱，其实这是对投资者最大的陷阱。重大的变革和高额报酬率是没有交集的。许多投资人拼命抢购那些正在进行组织变革的公司，往往被一些企业将来可能带来的好处之假象所迷惑，而忽略了眼前的企业现实。从那些投资大师身上就完全可以学到，咸鱼很少能够大翻身。学会去避开它们，能够成功并不是因为我们有能力清除所有障碍，而是在于我们专注地寻找可以跨越的障碍。

若想让一家公司成为好投资，你就要了解它的实质价值，以及判断购买它的时机，也就是说，价格是不是吸引人。格拉姆教给我们的最基本最核心的策略就是，你买的不是股票，而是一部分企业生意。选到了好企业，你就离成功不远了，只要你的买入价格不是太离谱。最后还有一点需要告诉大家，买股票不同于讨老婆，当你买到一只好股票，切不可就此宣布与它长相厮守。一旦发现公司出现重大、不利、趋势性的变化，立刻随时作出自己的选择，有时候也要一沽了之。在投资领域里，该永远记住这句话："你可以成为好公司的忠实客户，但不可当他的忠实股东。"

No!

买对就能赚

经历了股市上的大涨和大跌，不少人会这样感慨，其实我买的还是挺对的，就是没有卖。可俗话说，会买的是徒弟，会卖的才是师傅。记住股市中的一句话："聪明的不是你买到了什么好股票，而是看你什么时候离开了它?"

股市充满了不确定性。宏观环境、利率调整、行业周期、国家政策、心理变化、资金流动……都可能影响到股价的走势。股市中的投资者仿佛在迷雾中前行，有什么东西可以依靠？凭什么相信自己的判断，坚持自己的选择？什么东西可以天荒地老？K线上每一个起伏都可能让我们的心跳加速，我们何去何从？坚持还是修正？这是个需要持续面对的问题。

也许你会觉得，选择一个你最为看好的行业，选择一个能力、人脉远超自己的管理团队，把你的全部信心和资源都交给它，相信它会有好的表现。的确如此，一只好股可以让你省不少力气，但好股就必定能赚到钱吗？经历了股市上的大涨和大跌，不少人会这样感慨："其实我买的还是挺对的，就是没有卖。"许多散户都有这样的体会，好不容易抓住一匹狂奔的"黑马"，不料没跑几步，却被它激烈跳跃从马背上摔了下来，收益自然不会理想。难怪有句股市格言——"买进时机掌握得好，不如卖出时机掌握得巧，只有卖出适时，才能切实获利。"也对这种比较普遍的现象进行了总结。买得了好股票没有卖到好价钱，主要原因在于不知道这只股票还会不会涨，换句话说，绝大多数卖出时机掌握不好的散户，就在卖出的时机上作出了错误的判断，认定该股不涨、会跌，担心已有利润会被抹尽还要被套。当然，最后走势却是与初始的判断相悖的，结果也就不好。

俗话说，会买的是徒弟，会卖的才是师傅。记住股市中的一句话："聪明的不是你买到了什么好股票？而是看你什么时候离开了它！"

会买仅成功一半

一个股票投资的循环是以买开始，以卖结束的。卖是结果明确的环节，卖是"梦醒时分"，卖因此承担了全部的重担。投资成功，买的功劳一半；投资失败，卖的罪过全部。怎么没在赚钱的时候卖出呢？或者投资亏损，卖变得畏缩，躲着不敢出来。总之，因为买卖在投资环节中的位置不同，承担了不同的责任。

在股票投资上，买和卖其实只是一种决策指令的执行，最根本的关键就是"估值能力"，这也是每个人都要学习股票投资的关键技能。当然，你的投资理念，就像是人生的价值观一样，决定你走哪一条路，选择什么样的人生。不同的是，生活中改正错误的成本很高，代价昂贵，所以有句话"一失足成千古恨"，有句感叹"那时我们不懂"；在股票投资中，也是如此。但只要你能在自己的错误中学习，重新来过，一切都不晚。

如果因为"忠诚"于一只好股票而坚持不卖，一直持有，像是封建老臣的愚忠，这的确是卖的环节出了问题。你说巴菲特不是长期持有那几只股票吗？那你知不知道巴菲特也在不断地卖出股票？他把亚洲最赚钱的中国石油也卖了，仔细去读他的年度报告，做投资来不得"道听途说"。回过头看，跳出来想，你得知道，只有那些具有"传奇属性"的投资个案，才具有新闻眼和媒体价值，才能够出版成为文字让我们读到，但那并不是这些传奇人物投资生活的全部，就像明星们的真实生活并不都如聚光灯下那么的美艳光鲜。投资者，不可以是"追星一族"。

如果是因为这样的理念指导，让你一次又一次错过卖出的时机，那的确是卖的问题，该打"卖"的板子，或者由你代受？

胡立阳曾毕业于美国加州圣塔克拉大学，1985年回到台北教授股票投资学。1987年在台股只有800多点时，胡克阳就大胆预测指数将冲上8000点，并迅速以名嘴之姿带动了台湾空前的投资热，形成“胡立阳旋风”，被誉为“股市教父”。胡立阳认为：“买股票固然重要，卖股票更重要，更是真本事”。牛市中买股票，“射飞镖、翻书本，点到哪只买哪只都有可能赚钱。真正重要的是懂得怎么卖股票，99%的人都只会买不会卖。”

<<【事例】

会卖才会成功

德鲁比弟兄装聋做买卖，赚的钱已经供三个孩子上了大学。弟弟把顾客哄进店里。劝顾客试试衣服并不难，试上一阵，顾客往往随口问道：“这衣服价钱多少?”

弟弟把手放在耳朵上：“你说什么?”

“这衣服多少钱?”顾客又高声问了一遍。

“噢，价格吗，我问问老板。对不起，我耳朵不好。”他转身向坐在写字台后的哥哥大声叫道：“老板，这套全毛服装定价多少?”

老板站起来，看了顾客一眼，答道：“那套吗？72元!”

“多少?”

“七……十……二元。”老板喊道。

弟弟回过身来，微笑着对顾客说：“先生，42元。”

顾客自认走运，赶紧掏钱买下，溜之大吉。

<<【解读】

低买高卖是股市中人梦寐以求的事，一谈到操作策略这个问题，总有人会老调重弹：高抛低吸。谁都知道抄底的好处，因此热衷于抄底的人多如过江之鲫，但从抄底中赚到钱的人却比较少。原因是多方面的，比如介入时机把握不好，庄家洗盘过于凶狠等因素都可能导致抄底者过早地退出

该股，错过了主升阶段的行情，该赚的钱没有赚到手，待行情走出来了才捶胸顿足呼天抢地。很多人都有过“倒在黎明前的黑暗里”这样的经历，根子还是在自己身上。散户在买入某只股票之前常信心十足，但买入后经历了一些反复就疑神疑鬼，一有风吹草动就心如撞鹿，如果浮动盈利够手续费的话就会迫不及待地“夺路而逃”。但是，平仓出来后股价一飞冲天，又让人后悔莫及。可见抄底也是要有经受考验的心理准备的，“拿着让人心慌，抛掉又让人心痛”之类的症状说明自己有抄底的心理障碍。

高手抄底胜在心理素质健全，看似漫不经心，实则成竹在胸，对所“抄”之股，看似不闻不问，实则顺应了“天时地利人和”。柳宗元笔下有一个种树高手绰号叫做郭骆驼，他有一手种树的绝活，经他栽的树长得高大茂盛，而其他种树人即使偷看模仿也没有人学到这样的本事。于是有人请教郭骆驼种树的诀窍，他竟然说没有什么高深的学问，只是要适应树木生长的自然规律，让它充分发展罢了。仔细地将树栽下去之后，就不要再动它，不要担心它，只管走开不再管它。移植时要像爱护婴儿一样小心，栽好了就像丢掉废物一样不再理它。郭骆驼指出，越是不懂栽树的人越是过分担心树的成长，早上来看看，晚上来摸摸，更严重的是还用手指甲划破树皮来看它的生和死，摇动树根来看土是松还是紧，树木就不易长好。郭骆驼的这番话好像是对着我们说的，难道不是这样的吗？至少在抄底这种行为里，很多人在入市前考虑得太少，而在入市之后又考虑得太多，持股待涨的耐心不够，本来买入股票的理由仍然存在，还是觉得这也不妥那也不对路，怎么看都像是还有下跌空间，只是卖掉后回头看时惊觉匆匆忙忙抛掉的都是最好的。其实大智若愚，正如索罗斯所说“要有做猪的勇气”。

股市中一直有“会买是徒弟，会卖是师傅”这种说法，因为“捉到鹿而不懂得脱角”的人不在少数，所以能否做到成功逃顶是衡量炒手水平的显著标志，逃顶技术堪称“顶上功夫”。通俗点说，把握卖出股票的最佳时机就如同掌握炒菜的恰当火候，在这一点上“炒股”与“炒菜”真有异曲同工之妙，有必要跟高明的“厨师”学几招，学会恰到好处地将“菜”

起锅。

让利润充分增长就要坚持"只要买入某只股票的理由还没有消失，就不轻易卖出该股票。"投资，最难的事是什么？就是在最艰难的时刻在正确的方向上坚持！实际上，这是一条人迹罕至的路。这种一以贯之的、深入灵魂的坚守障碍重重，是最难的。投资碰到危机的时候，最简单的解脱办法就是卖出股票，一卖了之，但这就永远达不到彼岸。

【总结】

首届全国期货实盘交易大奖赛的第一名是以盈利率784.48%的骄人成绩摘取桂冠的，人们对这位期货市场上的竞赛胜利者纷纷投以羡慕的目光。其实，在这名冠军产生之前，比赛中曾有一名选手的盈利率早早就超过了700%，可令人惋惜的是，他没有将这个成绩保留到最后，更遗憾的是这名前期优胜者最后甚至没有进入前十名。同样取得过700%以上的交易回报，可一个是冠军，而另一个却不是，一个即将到手的冠军就这样擦肩而过，真乃造化弄人！

扼腕之余，我们可以假设：如果早早结束比赛，或者该参赛者在取得700%的利润之后停止交易，那么，最先盈利率超过700%的参赛者可能会是冠军。然而，现实不能假设。一个比赛就有这样大的差别，那么，以期货、股票作为职业投资生涯的"参赛者"就更要把握好你的投资机会。何时是你的进场时机，何时你该"金盆洗手"，这是非常重要的。事实上，没有谁能够真正知道什么是你该进场的时候，什么是你该退场的时候。在很大程度上，我们每个人都是随机的"跳舞者"，因此，投资的成功就有了"宿命"的成分。

一个投资者什么时候有了投资的钱，什么时候认识了股票或期货，什么时候有了投资的冲动，什么时候重仓持有，什么时候了结持仓，什么时候重新进入，什么时候只看不动，什么时候终止生涯。这里的不同组合将直接影响到你的投资结果，当然能够影响你的投资结果的因素实际上还远远不止这些。

低买高卖是股市中人梦寐以求的事。但为什么在每一次波峰到波谷之间，永远只可能有少部分人存活下来。这其中主要就是人性的“贪婪”在作怪，导致在具体股票买卖过程中只会买不会卖。作为股市投资人，当所投资的股票表现和当时决定的相反时，就应该马上承认和改正错误。而不愿意承认错误，也是许多股票投资者“不会卖”的“罪魁祸首”。著名对冲基金管理者威廉姆斯想出一个好办法，既然承认错误是困难的，那么干脆在事先承认错误——他在其计算机的荧光屏上写着“我的每一个投资决定都是错误的”。当真的错误发生时，就没有这么痛苦了。为此，股神杨百万曾苦口婆心地告诫股民：“炒股要心态平和，要做到不赚最后一笔钱。”他认为，“股民要给自己定好位，哪些做长线，哪些做短线，要注意高位风险，在股市冲高中逐步获利了结，落袋为安。”

股市中有句俗语：新股民胆大骑龙骑虎，老股民胆小骑鸡屁股。股市游击战法之二，就是要胆大心细，不能前怕狼后怕虎，看准了就狠狠地跟上前去咬上口。在别人贪婪时恐惧，在别人恐惧时贪婪。

孙子曰：“凡战者，以正合，以奇胜。故善出奇者，无穷如天地，不竭如江河……战势不过奇正，奇正之变，不可胜穷也。”意思是说，作战的方式方法不过“奇”、“正”两种，但“奇”、“正”的变化是无穷的，善用“奇兵”者易于取胜。

当然，果断地止损，最大限度地保全自我，保住资金也是股市游击战必须遵守的原则。“股市大鳄”罗杰斯说，股市有三条名言。第一条，当风险来临的时候，保住本金，立即离场；第二条，当风险来临的时候，保住本金，立即离场；第三条，谨记第一条和第二条——现金为王。

在股市牛市如日中天的大好形势下，每个人都有可能从这张大饼中咬下属于自己的一块。但是，如果你觉得自己能一直啃下去，或者一口吞完，结果可能什么都吃不到。要么你吃下去多少就吐掉多少；要么你最后吃下的还不如消耗掉的体力。在贪婪和恐惧之间，一定要保持一种平常的心态，做好打持久战的准备。

No!

始终寻找热门股

绝大多数投资者都知道凯恩斯著名的“选美理论”，然而他们都没有成为像凯恩斯那样的大师。一个真正成熟的投资者知道，凯恩斯投资哲学与巴菲特的价值投资理论及其他大师的成功之道都告诉了我们一个道理：“选美比赛”是一种不良的投资习惯，因为总得看别人“脸色”行事的投机行为要长期成功，几乎是不可能的。

凯恩斯是“大傻瓜游戏”与“选美比赛”两大投机经典现象的发现者，凯恩斯先生总结自己在金融市场投资的诀窍时，以形象化的语言描述了他的投资理论，那就是金融投资如同选美。在有众多美女参加的选美比赛中，如果猜中了谁能够得冠军，你就可以得到大奖。你应该怎么猜？凯恩斯先生告诉你，别猜你认为最漂亮的美女能够拿冠军，而应该猜大家会选哪个美女做冠军。即便那个女孩丑得像时下经常参加各类搞笑节目的娱乐明星，只要大家都投她的票，你就应该选。

然而，绝大多数投资者都误读了这一理论。他们在选择股票时，更多地留意和观察哪些股票正在受到投资大众的青睐，更多地了解其他人的看法，从而盲目地寻找热门股，投资热门股。如果你仔细读过凯恩斯的《就业、利息和货币通论》就会发现，凯恩斯在叙述“大傻瓜游戏”和“选美比赛”两段后，又写道：“假如一个人运用自己的才能，不受这种盛行的游戏的干扰，根据自己所做的长期预期继续进行投资，那么，在长时期中，他肯定能从其他游戏者手中获得大量的利润。这一问题的答案是：的确有如此态度慎重的人，不管他们对市场的影响是否超过其他游戏者，都会使投资市场发生巨大的变化。”

凯恩斯的“选美理论”的确道出了股票价格变化的本质，但并未鼓励人们盲目地顺应多数人的意见，去购买大家都喜欢的股票。在今天看来，凯恩斯投资哲学与巴菲特的价值投资理论及其他大师的成功之道都告诉了我们一个道理：“选美比赛”是一种不良的投资习惯，因为总得看别人“脸色”行事的投资行为要长期成功，几乎是不可能的。

【事例】>>

追热并不是跟风

在图书出版行业，“魔法妈妈”J.K.罗琳是一个传奇。从贫穷的单身母亲，一跃成为畅销书作家和亿万富豪，罗琳只凭借几部《哈利·波特》。小魔法师哈利·波特虽然只是一部奇幻小说的主人公，但其影响力却已达到进入去年世界十大名人之列的程度，所以当传闻哈利·波特将在这部风靡全球的系列小说第七部，也就是完结篇中死去的时候，全世界的“哈粉”都屏住呼吸，等待最终的结局。作者罗琳也在她的个人网站发表声明，称自己开始第七部《哈利·波特》的写作，她说自己既兴奋又害怕，因为一切都要结束了。

虽然现在大家对哈利·波特还是津津乐道，但谁也不知道，当小说的第七部完成之后，人们会以多快的速度喜欢上另一部小说，如果作者没有新的小说出现，也许将面临被遗忘的命运。事实上，美国一位从未受过学校正规教育的天才青年，已经开始挑战罗琳的地位。他就是21岁的克里斯多夫·鲍里尼。与罗琳写《哈利·波特》一样，鲍里尼也是凭借魔幻小说一鸣惊人。他的魔幻长篇小说《遗产》“三部曲”已经完成了《龙骑士》与《长老》两部，其中最新推出的《长老》，甚至把《哈利·波特》挤下了畅销书榜首的位置。《长老》在欧美掀起阅读狂潮——《纽约时报》儿童读物畅销书排行榜上，《长老》连续数周排第一；在亚马逊网上书店，《长老》的销量也超过了《哈利·波特与凤凰社》。15岁就开始写小说的鲍里尼，已经成为欧美年轻人最推崇的“魔幻小说大师”。

<<【解读】

一部作品畅销的直接原因取决于观众对其喜爱的程度，就像一只热门股受到追捧也是大众投资者热情的直接表现一样。比如曾经的银行股、地产股还是大众投资尽量回避的股票，舆论上，一些国内外大盘分析师也是不停地唱空房地产行业，银行在房地产崩溃的背景下当然也不会有什么好结果。但没用多长时间，这两种股票已经上涨近一倍。任何一只股票都是如此，投资者会在某一天突然对它们失去兴趣，那时投资者会总结出各种理由要避免持有这种股票。所以我们可以得出这样一些结论：热门股总是由于投资者的喜爱而流行；但投资者的热情一定会经常改变；当投资者有了新欢时，热门股就会出现调整。

股市上，短期内涨幅最大的大牛股不一定是你认为最好的公司的股票，也不一定是公众认为最好的公司的股票，它们肯定是这样的股票：从投资者那里得票最多的股票。大牛股肯定是那些最受市场资金追捧的公司股票。英国著名的经济学家，炒股高手凯恩斯当年通过伦敦的选美比赛就悟出了这个道理，凯恩斯认为，在股票市场上从事职业投资，就如同参加一场选美竞赛，即“选美博弈”。选美要跟随大众的心理，不是自己认为美的就是选美比赛的冠军。选择股票也是一样，不要仅仅根据自己所依据的财务指标、行业景气程度等等，更重要的，还要考虑到它对群众的吸引力，他们会喜欢什么样的股票，会追捧什么样的股票。

但凯恩斯的理论被大多数的投资者误解了，从而形成了跟风、投机、羊群效应、追涨杀跌等等怪现象。有些投资者盲目地顺应多数人的意见，去购买大家都喜欢的股票，特别容易轻信那些所谓“专家”的意见。尽管市场专家所拥有的知识和判断能力远远超过普通投资者，但这些人中的大多数预测某一投资品收益的能力并不比一般人高出多少，而仅仅比一般人稍微早一些。他们并不关心股票真正值多少钱，而是关心在群众心理的影响下，某些股票在 3 个月或 1 年以后在市场上能值多少钱。

凯恩斯的“选美”并不是简单地猛追“热门美女”，而是建立在严谨的市场分析基础之上的。所谓“选美”，就是选大众情人。说到大众情人，自然免不了要考虑大众的文化背景、审美情趣、流行偏好等因素。潇洒英俊如汤姆·克鲁斯不仅在欧美、在亚洲，即使在非洲也是众多女人心目中的白马王子。对于股市而言，盘小、绩优、高成长，加上偏低的估值水平，是普遍认可的“大众情人”的标准。如果再罩上行业龙头、科技创新、和谐发展、节能环保、能源资源等花环，那简直就是万众追捧的“情圣”了。如果简单地照搬凯恩斯的“选美理论”，便成了纯粹的投机。即使我们绞尽脑汁揣摩别人的心思，往往也会不得要领，因为复杂适应系统理论已经证明了“艾尔法罗（ElFarol）难题”不存在稳定解。

【事例】>>

与赢家在一起

1919年，埃迪年仅19岁，他一开始是在芝加哥白袜队当球童，这一年白袜队打进世界大赛。第二年，埃迪跳槽到了布鲁克林道奇队，结果这一年道奇队赢得了美国棒球联赛冠军。在一片欢呼庆祝声中，埃迪却感觉事情有些不对。他赶紧跳槽到纽约扬基队，结果扬基队在1921年赢得了历史上的第一座冠军杯。埃迪仿佛预知到接下来会发生什么事，他决定在扬基队安定下来。结果埃迪后来在扬基队待了7年，扬基队连续5年赢得美国棒球联赛冠军。

1927年，由于扬基队进入世界大赛八强（当年棒球界传奇人物贝比鲁斯也在阵中），埃迪就分到了700美元的奖金，这笔钱大约相当于其他球童整整一年的收入，而埃迪只干了4天就拿到了，因为扬基队四连胜横扫对手。埃迪很清楚地知道：如何拎球棒并不重要，重要的是给谁拎球棒。能为球场上最厉害的超级球星拎球棒，才是当球童赚大钱的关键。

<<【解读】

球童埃迪的成功给我们上了很重要的一堂投资课：要想成为赢家很简单，只要与赢家在一起。埃迪知道，只要给美国最成功的超级明星球队“拎球棒”，与赢家在一起，就能让自己赢得大把金钱。埃迪并没有盲目地追求那些所谓的“热门队”，而是坚定地选择了一支超级“明星队”，这和投资者选择股票一样，成功的投资者都知道去如何追热，怎样去区分“热门股”与“明星股”。

一个自认为很有见解与能力的投资人，发现自己选的股票总是表现平平，为此他愤愤不平：为什么别人选的股票都涨，我的股票却不涨呢？有一天，他实在忍不住了，就去质问上帝：“上帝啊，你为何对我如此不公，命运为何对我如此不公？”上帝听了，什么也没说，只是捡起一颗小石头，把它往旁边的乱石堆里一扔，然后对年轻人说：“麻烦你，帮我把刚才扔的那个小石头给找回来。”这个年轻人在乱石堆里找啊找啊，那么多小石头，看起来几乎都一模一样，挑花了眼，也分不清哪颗是原来那颗。这时，上帝取下手上的金戒指，往乱石堆里一扔，然后又对年轻人说：“麻烦你，帮我把刚才扔的那个金戒指给找回来。”年轻人过去一下子就找到了那个在乱石堆里金光闪闪的金戒指，上帝再也没说什么话。聪明人会一下子就明白：当自己选的公司只是一颗普普通通的石子时，就不要抱怨股票不涨、命运不公。股民投资的股票如果是金子或宝石，你不妨疯狂一下；但如果是石头，即使再疯狂，也要记得，那不过是块石头。而且它还会砸伤自己的脚。

对如何区分“热门股”与“明星股”，做的最好的莫过于巴菲特。这位当代著名的投资大师有自己的选股理论——选股如选妻。他认为，选择那些超级明星股，是我们走向真正投资成功的唯一机会。当球童，只要选对冠军球队，和超级球星们在一起，什么球也不用打，就等着跟冠军队员们一起分奖金。做投资，只要选对好公司的好股票，和超级明星股在一起，什么心也不用操，就等着公司业绩上涨、股价上涨赚钱。当你选择的股票只是普普通通、非常平凡的那种公司的股票时，你不要期望这些公司的股票会有非同一般的业绩，会有非常好的股价表现。只有那种超级明星公司，才有可能创造出非同一般的业绩，才会成为股价涨幅非同一般的超级明星股。试想一下 NBA 中的乔丹，像他这样的一个超级巨星的收入，可能抵得上几十个甚至几百个普通 NBA 球员的收入。再如姚明的收入，比国内 CBA 篮球联赛中很多俱乐部加在一起的收入都要多，可见一个超级明星胜过一大堆普通球员。

【总结】>>

从上面的论述可以看出，正确地区分出“热门股”与“明星股”是问题的关键。在这里，巴菲特有一个颇为经典的比喻，“热门股”是人们选美的结果，而“明星股”则是称重后的结果。选择“热门股”就好比选美一样，都是投票定输赢。与选美比赛不一样的是，股市上投票用的钞票，买的人越多，股价就越涨。越涨买的人就更多，股价会进一步大涨。选择“明星股”就好比用一台称重机称量每只股票价值的重量，越重的当然越有价值。

许多追求“热门股”的投资者，不知道股票的内在价值是多少，每次都是道听途说盲目跟风轻率选股，其实就是在赌博。赌一次两次可能会赢，但一直赌下去，最终只会输。从一个美女换到另一个美女，不可能找到真正长久的爱情。同样，从一个热门股换到另一个热门股，频繁交换，不可能获得长期的投资成功。有时候大牛市更会蒙蔽人，虽然大牛市里时常“美女如云”，简直让人兴奋得不得了，这个时候几乎所有的股票都在涨，就好像潮水来了，什么东西都往上漂，此时的丑女也变成了美女。但你别忘了当“熊”来了，那些貌似美女的会突然变成野兽，轻则伤神，重则蚀财，想跑都来不及。用巴菲特的话说，只有当潮水退落的时候才能看出来，到底谁没有穿短裤，谁光着屁股。没有人能够像蜜蜂从一朵小花飞到另一朵小花一样频繁买进卖出还能取得长期的投资成功。

而且，在你的一生中，肯定要有很多次大牛市和大熊市，关键是经过一系列牛市和熊市后，长期来看仍然能够战胜市场，赚到比指数涨幅更多的钱。要想在股票上赚钱，关键不在于预测股市会涨会跌，来进行波段操作，而是要精选个股。事实表明：大牛市并不是选什么股票都赚钱，选错股票照样亏钱；大熊市并不是选什么股票都赔钱，选对股票照样赚钱；不管是牛市还是熊市，要想赚钱，选股是关键。说得通俗一点，关键不在于大家平均赚了多少钱，关键在于你选的股票为你赚了多少钱。

一个成熟理性的投资者绝不会盲目地猛追“热门股”，正如一个心智成熟的男人绝不会因一个女人长相出众就草率地与之结婚。你选择人生伴侣的态度越慎重，你选择时就会越仔细、越认真地观察了解对方，犯下大错的可能性就越小，选到合适伴侣的可能性就越大。如果你选股如选妻，你选股的态度就越慎重，你选股时就会越仔细越认真地分析了解上市公司，犯下大错的可能性就越小，选到好公司、好股票的可能性就越大。因此巴菲特一再强调，选股如选妻，选择股票的态度就应该像选择人生伴侣那样慎重，慎重，再慎重。

因此，作为一名理性的投资者，应该应用实用主义，凯恩斯的理念反映了直至今天绝大部分市场交易者的面貌，不管这些人身处股市、期市、汇市，还是房市。因为所谓的选时策略、趋势投资或技术分析理论无不建立在“大傻瓜游戏”与“选美比赛”的基础之上，甚至包括互联网泡沫时代那个看谁跑得快的寓言（两个人在森林中遇见大熊，一人拔腿就跑，他并不是与熊赛跑，而是与另一个人比赛，谁跑得快谁就不会被熊吃掉），也是一样的道理。我们可以将凯恩斯的“选美理论”作为一个因素，总结出自己的选股理念，莫让那些貌似美女的“热门股”迷了心窍。

No!

跟庄有肉吃

>>>>>>>>>>

很多投资者都在追求这样一种境界——跟着庄家一起吃肉。也许你有过成功的经历，但失败的经历会更多，这是必然的规律。从整体上说，跟庄炒股的成功率小于赌博，也小于闭着眼睛做期货。

庄家是从赌博中引进的概念。在赌场中，具备通吃的资金量，然后与众人赌博者，称之为庄家。庄家是与众人为对手，并以赢利为唯一目的的赌博者。庄家的梦想是“通吃”，庄家的性格是“狡猾”，庄家的相貌是追求“公平”，庄家的爱好是“掠夺”对手，庄家的本性是“残酷”，庄家的习惯是不遵守“游戏规则”，庄家最擅长的是耍“阴谋诡计”，庄家信奉的格言是“少赢为输”。在赌场中，庄家还有魔术师、强盗、大骗子、刽子手、魔鬼等种种名号。

股市中的庄家与赌场中的庄家略有区别，但获利本质相近，因此，股市中的庄家基本上具备赌场庄家的所有特征。我们可以给股市中的庄家下这样的定义：所谓庄家，是指在证券市场中，具备一定资金实力的机构或个人，单独或联合买进一只或数只股票的一定筹码，在法律许可的范围内，根据自己的意志，通过市场运作后，实现一定差额利润甚至是超额利润的投资者。

庄家和散户是一个相对概念。庄家炒股也是为了获利，而同样是通过买卖股票的差价获利。与散户不同的是，庄家可以控制股票的走势和价格，靠自己主动拉动股价上涨来获得利润。散户则无法主动影响一只股票的价格和走势，其获利的方式是期待股价上涨。

由于缺乏相应的信息渠道，加上技术水平的限制，散户对庄家的了解非常有限，也对庄家产生了这样的认识：庄家就是“神”，一旦求得其护佑，在股市中将无往不利。这类投资者一旦发现某只股票有庄家坐庄的迹象，就立刻将该股奉为上品，大量买进这只股票。很多投资者也都在追求这样一种境界——跟着庄家一起吃肉。也许你有过成功的经历，但失败的经历会更多，这是必然的规律。从整体上说，跟庄炒股的成功率小于赌博，也小于闭着眼睛做期货。

跟庄收益未必就高

散户跟庄炒股的思维逻辑是，股票本身无所谓价值高低，只要有一个善于调动人气的好庄家控盘，股票在拉升过程中会形成足够的跟风盘，庄家就可以获利出局，而跟庄炒作者可以利用庄家的力量赚到别人的钱。这似乎是所有散户都在追求的一种境界，可谁又能保证自己永远不被套住呢？资本市场是博弈的市场，利润来源于对手的损失。庄家不会给每个散户打电话或写信，指导散户买卖股票，而是利用散户的心理误区和人性弱点，促使散户作出错误判断，高价买进，低价卖出，最终完成与散户之间的博弈。散户和庄家最大的区别在于，庄家对股价未来走势不确定性因素具有驾驭能力，或者说能够化解、引导、改变股价的不确定性，散户投资者则不具备这些能力。也就是说，如果庄家在一只股票上获利出局就意味着其余投资者失败的风险大于市场平均风险，跟庄炒作失败的可能性反而增大。

许多投资者都在寻求永远不被庄家套住的方法。于是，不停地操作，不停地兑现利润或止损。表面看，如果达到这种境界，收益将会很高，还能防止大风险；其实，想达到这种境界，同时又有高回报，那是太难了，可能性不是太大。

为什么收益不高？究其原因，一是交易成本。有这种想法的人，基本上立足于短线操作。按现行的规定，一次操作的手续费基本上是1%左右。如果一年操作 30 个来回，光成本就得 30%（实际上很多人超过这样的频

票，只要其股价被严重高估或透支，就应该坚决卖出。特别是对于中国这个新兴加转轨的市场来说，股价经常会出现非理性上涨和下跌的情况，如果一味地长期持有，可能无法获得理想的收益。如果忽视了安全边际原则，在股票处于严重高估的状态下买入，然后长期坚守而不及时止损，后果可能不堪设想。另外，能够长期一直保持增长的公司并不多，就算是世界 500 强，也是铁打的营盘流水的兵，起初的 500 强现在仍然在 500 强中占有一席之地的已经没有几家了。可口可乐只是一个特例而已，巴菲特作为投资奇才，也不是所有的股票都捂到黑的，中石油就是例子。

价值投资就是买值得的

价值投资很简单，只要你的投资买卖决策根据的是事物的价值而不是其他，即为价值投资。比如你买卖艺术品，依据的是艺术品的价值；你买卖房产，依据的是房产的投资回报和合理的增值；你买卖期货，依据的是商品的价值……价值投资，关键在于你买到的东西是值得的，是划算的，所谓一分钱一分货，或者，你支付的价格比你得到的价值要低，作为投资你才有的赚。举个最简单的例子，黄金要比石头值钱，但是同样的资金，是否投资黄金就比投资石头赚钱呢？那不一定，因为投资要赚钱，就需要能做到低价买的东西高价卖掉。如果黄金已经是黄金的价钱，石头是石头的价钱，这时候黄金和石头在投资价值上是一样的，投资后都难以挣到钱；如果黄金只是石头的价钱，那么投资黄金要赚钱；如果黄金已经是钻石的价钱，这时候投资黄金就会赔钱。

在业界有“欧洲的彼得·林奇”之称的波顿是富达国际有限公司董事、总经理兼高级投资经理，年复利 20%的骄人成绩让波顿被业界尊为“最佳基金经理”，其管理的英国“特殊状态基金”自 20 世纪 70 年代以来投资回报高达 14000%。波顿是一个善于发现好股票的“伯乐”，还是一个创新能力很强的人，波顿创作的曲子不仅被用在他女儿去年夏天的婚礼上，更在圣保罗大教堂公开演奏。每天清晨六点半到七点左右，在从英国西苏塞克斯开往伦敦的火车上通常坐着一位头发灰白的绅士，手里翻阅着当天的《金融时报》，膝上还摆着一叠文件资料。他就是大名鼎鼎的安东尼·波顿——富达国际的明星经理人——欧洲最杰出的投资大师。

如果将“股神”巴菲特买入蓝筹股并长期持有的手法视为传统操作手法的话，波顿的专长则是“剑走偏锋”，他喜欢的不是那些评级最高最好的股票，而是那些价值被市场低估的股票。他喜欢反向操作，避开市场热点，寻找真正的价值投资。事实上，正是不随波逐流的天性让波顿的基金在2000年网络股泡沫破灭时明显跑赢大盘，其中的玄机就在于波顿选取了大量与网络无关的股票。

长期投资的误区

任何优秀公司的成长都需要时间，正如罗马不是一天建成的，微软这样的优秀公司也不是一天成就的，因此，长期投资要求买入并长期持有那些价值被低估并且有竞争优势的公司股票。换言之，好公司也需要时间的发酵，这正是需要长期投资的根本原因。

基金经理彼得·林奇提醒过我们，即使再好的公司也要在很好的位置去购买。如果股价已经充分反映而且透支合理价值，就不值得长期投资了，在这个时候，投资者应该做的是卖出而不是继续持有，更不应该买入。以为只要是好企业的股票，不问价格就买入持有，也是一些投资者对长期投资的常见误区。同样是中石油的例子，中石油是亚洲最赚钱的公司，巴菲特在1元多买入，平均不到13元退出，4年赚了40亿美金的高额利润，巴菲特以十几元左右的价格退出了，我们国内的投资者却在40多元附近蜂拥入市，试想40多元的高价成本又何时能产生长期投资的收益呢？中石油股价40多元的时候，正是国内市场指数位于5000~6000点之时，这个时候相信巴菲特将挑不出任何一只股票买入并长期持有，相反会卖掉所有的股票；而国内的众多巴菲特的信徒在当时却仍然能挑出一大堆“值得长期投资”的股票来。买股票如同买文物，首先要知道要买进的对象是好的，其次是要在其价格远远低于价值时，才能买入，否则损失惨重。因此，巴菲特不可死学，价值投资不等于长期投资，当你手中的股票价格远远超过其内在价值时，就应该抛掉，而与你持有的时间长短没有任何关系。

市场上还有一类被称为“买股票买成股东”的投资者，他们往往盲目推崇或者错误理解长期投资理念，不分青红皂白地买入持有，以为只要捂着手上的股票，迟早能赚钱。其实这是一个极大的谬误。我们为什么要长期投资，是希望长期内企业能够不断成长，并分享到财富增长的成果，但很多投资者却把捂着基本面没有改善希望的垃圾股也算做长期投资，这是一种误区。这类题材股、垃圾股往往都会编造出一个个美丽的故事，要么说不久将展开重大并购重组，要么说得益于某类看似诱人的题材，未来业绩会翻番云云。与那些基本面发生了临时性恶化的公司有着根本不同，题材股、垃圾股股价高高在上，没有任何看得清楚的业绩支撑，随时都有一切财富成空的风险。即使就算十个题材股、垃圾股会出现一个重组成功从而投资获利的投资者，根本就不是长期投资，而完全是一种投机赌博行为。

【总结】>>

既然价值是问题的核心，那么是否长期持有则要根据情况而论。首先也是最重要的，一定要随时确保你买的东西的确值得长期投资。即使你自认是一个投资高手，也需要随时跟踪你投资的公司动态，观察其是否发生了一些根本性变化，或者股价是否透支了合理价值；如果你没有能力像投资大师一样能确保筛选出优秀的公司，将资金投入一个值得信任的基金公司算是一个不错的选择，当然这不等于说你就不需要做其他事情，定期观察这家基金公司是否值得长期信任也是必要的功课。

其次，要降低长期投资的收益预期，不能神化长期投资的平均收益。国内的投资者就被 2006 年以来的这轮牛市宠坏了，投资的股票动辄要求涨几倍，至少要翻番，这是不太现实的。最后，合理规划投资期限和投入资金。理论上，买入一只好股票是可以获利的，只要是企业长期发展趋势是好的，时间就可以熨平股价的短期波动，但最终时期可能是10年，也可能是20年，甚至更长。

价值投资应该以长期投资为主，长期投资于优秀公司仍然是价值投资的首选，但不可把价值投资完全等同于长期投资。当长期投资的理由不存在时，不可以刻意为之。例如如果你发现选错了公司，还执迷不悟坚持长期投资，那就太傻了，变成长期套牢。价值投资要考虑机会成本。巴菲特擅长的购并套利，本身就是短期投资行为，甚至一些安全有保证的对冲操作，按照格雷厄姆的观点都属于价值投资的操作。总之，典型的价值投资行为应该是长期投资，但非典型的价值投资也可以是短期投资。不可绝对化。“经常是”和“都是”有本质的不同。

No!

长期投资绝不会赔钱

不管是理财经理还是基金广告，无一例外地向我们宣传：你想不赔钱吗？长期投资吧。仿佛每一项投资只要沾上“长期”二字，利润就会滚滚而来。问题的关键在于，并非所有的投资都适合长期，而是那些有一定回报率的投资，才能使财富增长。

巴菲特奉行长期投资战略，当公司股价被市场严重低估时他大量买进，然后一直长期持有。巴菲特认为，没有人能够成功地预测股市的短期波动走势。对股市的短期预测是毒药，应该将它放在最安全的地方，远离那些在股市中的行为像小孩般幼稚的投资者。巴菲特说过：“如果你没有持有一种股票10年的准备，那么连10分钟都不要持有这种股票。”这就是巴菲特著名的内在价值高于市面价值的投资理论。

根据这一理论，无数个理财经理、基金广告，无一例外地向我们宣传：你想不赔钱吗？长期投资吧。仿佛每一项投资只要沾上“长期”二字，利润就会滚滚而来。每个投资公司都想有稳定的长期利润来源，方法之一就是鼓励投资者把钱长期放在账上，20年以上的养老保险会让保险公司毫无成本地筹到一笔资本，而5年以上稳定的投资会让基金公司获得稳定的1%的收益率，假如这个基数是10亿，基金公司坐地收钱1000万。“心肠不错”的证券公司就决不会鼓励股民长期投资——因为他们是按交易量收费。比如你持有某只股票8年，买进卖出手续费是1.5%。如果在这8年中，每个月换股一次，支出1.5%的费用，一年12个月则支出费用18%，8年不算复利，静态支出也达到144%，这的确是个不小的数额。

你要知道，并非所有的投资都适合长期，有适当的投资回报率，财富才可能增长。巴菲特的投资理论并不复杂，但他推崇长期投资的前提是，投资的企业必须是一家优秀的具备长期成长性的好企业。他认为，不应把优质的企业卖掉。由于投资之前着眼的就是企业的未来价值，那么，仅仅因为股票出现了差价就把它卖掉将是相当愚蠢的行为。对于可口可乐公司的股票，他认为，卖出的时间是永远。

<<【事例】

只有“值得”的，才值得长期持有

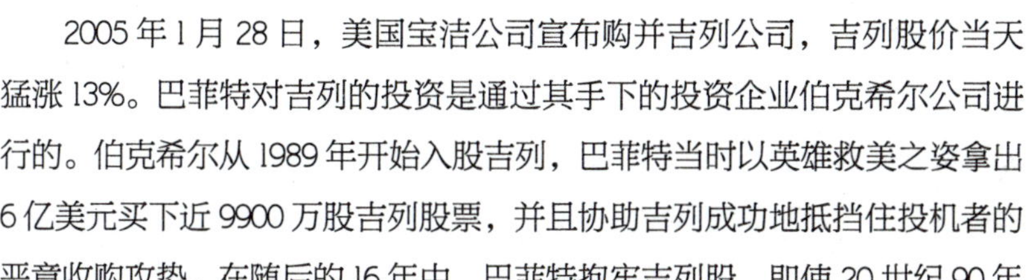

2005 年 1 月 28 日，美国宝洁公司宣布购并吉列公司，吉列股价当天猛涨 13%。巴菲特对吉列的投资是通过其手下的投资企业伯克希尔公司进行的。伯克希尔从 1989 年开始入股吉列，巴菲特当时以英雄救美之姿拿出 6 亿美元买下近 9900 万股吉列股票，并且协助吉列成功地抵挡住投机者的恶意收购攻势。在随后的 16 年中，巴菲特抱牢吉列股，即使 20 世纪 90 年代末期吉列股价大跌引发其他大股东抛售股票时也不为所动。

巴菲特长期持有吉列股票最终得到了报偿：吉列因被宝洁购并而于 1 月 28 日每股猛涨 5.75 美元至 51.60 美元。这一涨，让伯克希尔的吉列持股总市值冲破了 51 亿美元。以 1989 年伯克希尔最初在吉列投资的 6 亿美元计算，这笔投资在 16 年中已增值 45 亿美元，年均投资收益率高达 14%。如果投资者在 1989 年拿 6 亿美元投资于标准普尔 500 指数基金，现在只能拿到 22 亿美元。这就意味着巴菲特投资收益比标准普尔 500 指数基金高出一倍还多，用专业人士的话说就是巴菲特跑赢了大盘。

<<【解读】

很多投资者在购买投资产品之前经常会听到“适合长期投资”这样的字眼，什么才算是长期投资呢？长期投资意味着一直持有吗？长期投资到底该多长呢？

在很多阶段中，长期投资还应该是我们投资者需要遵循的法宝。为什么长期投资应该如此受到重视呢？投资者在市场波动来临时往往感到不安，往往在错误的时间作出错误的投资决策。例如在牛市高涨的阶段进入，在熊市底部撤资；最关键的，许多投资者在遭受打击后退出了股票市场，转而进入债券等低风险市场。这样投资的最终结果，从数据统计上来看，不如长期持有股票类资产不动。

从历史数据统计分析来看，如果长期投资的期限跨越了一个或几个完整的股市周期，那么发生亏损的概率是很小的。不仅基金投资如此，股票投资也是如此。但是如果投资的期限并没有跨越股市周期，而是恰好处在熊市阶段，那么这个阶段就会让我们坚持“长期投资”的投资者备受折磨。因此，我们可以得出这样一个有关“坚持长期投资”观点的结论：在牛市阶段的长期投资和跨越市场牛熊多个周期的长期投资，有很大的可能赚钱，而且平均年收益率有很大的可能明显高于其他投资品种，如债券、外汇、黄金等等。

如果你买到的东西是值得的，或者，你支付的价格比你得到的价格要低，那么作为投资你才有的赚。巴菲特对吉列品牌深信不疑。在谈到对吉列股票的看法时，他说他每晚都能安然入睡，因为想到第二天早上总会有25亿的男性要刮胡子。巴菲特长期持有吉列股票最终获得巨额投资回报，而这只不过是他长期驰骋股市连连获利的一个缩影。如今的巴菲特持有美国运通、可口可乐、迪士尼、吉列刀片、麦当劳及花旗银行等许多大公司的股票。巴菲特投资于这些经营稳健、讲究诚信、分红回报高的企业，以最大限度地确保投资的保值和增值。

长期持有可以获得巨大回报的前提，就是持有“值得”长期持有的公司股票。这些公司为你积累了“时间价值”，也就是复利。而且这种看似慢实则快的回报的另一重要原因就是：长期持有降低了你再投资的风险，在美国还有税收的影响。所以，长期持有优质公司回报可观。巴菲特所说的持有10年，与他说“不要亏损”可以一样理解，是指你在买入股票的时刻，要考虑你能不能持有它10年。意思是说：如果你对它未来的10年没有把握，感觉不确定，或者，“瑕疵”还比较多，那你就根本不要买入它。

因此，只有“值得”的，才值得你长期持有，你才能从中有所斩获。

【总结】

既然“价值”是核心问题，那么长期持有必定能赚钱吗？假如给你无限长的时间，就可以获得很大利润吗？这话也不尽然。从复利的公式来看，投资成功需要两个要素，一个是时间，一个是投资回报率。如果投资回报率是负值，那么投资时间长，结果又如何？由此看来，时间只是投资成功的必要条件，投资的回报率也不能忽视。

从本质上来讲，比较不同时刻的“股价”和“价值”才是价值投资之道。忘记你的买入成本，只比较那“时”的价与值。持有与否，是这种比较和衡量之后的决定，长期是这种不断“衡量”的一种结果。如果每隔一段时间，比如一个季度，你对自己持有股票未来的可能回报进行衡量，结果是满意的，那就继续拿着它；如果一直没问题，那又何必是10年？比如说，假如你买进一只股票，半年或一年以后，对比那时价格和那时的价值，忘记你的成本。你衡量之后，如果发现你的股票价格非常高，那么这个时候，换个角度，假设你为买方，你不会再以这样的价格买入。此时此刻，投资的回报率已经不能令人满意，如人们所说“透支了未来几年的业绩”。这个时候，作为投资者，你卖出股票是一个非常正确的决定，一个理智的决定。现金就意味着下一次的“出手”，是为把握下一个机会作准备。或者，你买入的公司出了问题，出现了你从来没有意识到的问题，并将影响到你的收益，那么，卖出是你理性的选择，也是唯一正确的决定。尽管长期持有经常是价值投资者的一种最优策略，最简单策略。

有人说，巴菲特的股票能持有几十年，那是因为他是巴菲特，而你不是。实际上，承载他巨大的财富投资主体本来就不多（这在巴菲特给股东的信里经常提到）。另外，巴菲特只需要一定的投资回报率，其财富的增长就已经令人咋舌，令自己和股东们满意了。

如今的时代，变化越来越快，所以，当你买入股票时需要考虑一下，你能不能确定未来的三年到五年，你可以安心地做它的股东。股权投资的一个优势就是你可以比较灵活地转移投资，包括跨行业的转移，只要你能理解、你能够懂得就行。所以，当你发现更好的投资机会的时候，卖出你的股票，也是聪明的选择。

因此，不要认为长期持有就必定能赚钱，更不要因为误解了价值投资而在你卖出的时候犹犹豫豫，觉得违反了自己的"原则"，而你的原则就是投资赚钱。

No!

预测股市

<<<<<<<<<<

珍妮·迪克森夫人曾经成功预言了美国总统肯尼迪将遇刺，即便如此，她也无法准确地预测未来的一切。但是，对于证券分析师的公司长期增长和增长期间估计值，却还是有些人深信不疑。林奇在《成功投资》中阐述：假设你真的能够预测股市，你也未必能够赚到钱。因为，让你赚钱的其实不是大势，而是你投资的某一只股票。

虽然教训是惨痛的，但人们对股市预测所带来的诱惑也似乎是无法抗拒的。股市预测对于沉溺于股市预测的股民，就如同爱情之于青年男女一样，是极不容易抗拒的。诱惑总是摆在你面前，它无时无刻不勾起你的欲望和贪婪。

预测的无穷魅力似乎时刻呼唤着股民。可在股市上，能一直赚到钱的，永远是少之又少的那一部分人。珍妮·迪克森夫人曾经成功预言了美国总统肯尼迪将遇刺，即便如此，她也无法准确地预测未来的一切。但是，对于证券分析师的公司长期增长和增长期间估计值，却还是有些人深信不疑。林奇在《成功投资》中阐述：假设你真的能够预测股市，你也未必能够赚到钱。因为，让你赚钱的其实不是大势，而是你投资的某一只股票。市场本没有什么秘密。

没有人真正了解市场为什么这样走而不是那样走，或者将要如何走。能知道市场往哪里去，只是一个幻想。所谓的专家会告诉你，市场将什么时候有一波行情。很多波浪理论、循环理论专家，或者斐波纳契理论的信奉者会尝试预测市场要在什么时候启动，假设一个方向让市场去走。但是你发现自己经常预测错误，经常错失大行情。这些理论上的专家不是疯了就是在骗你。也许你看过很多复杂的斐波纳契数列量度方法，去测量市场将要走多高或者多低，市场的回调将要达到什么程度，和如何根据这些分析来买卖。可是，这所有的一切，帮你赚过多少钱？真正的秘密应该是弄清楚这样一个问题：为什么 10 个聪明非凡的男女，当他们走进市场后，会有 9 个人输钱呢？如果你破解了这道迷题，那么赚钱的秘密就被你掌握了。

【事例】>>

预测的诱惑

玛雅神话中，说世界曾遭过 4 次灾难性的破坏，每一次玛雅人都从中得到了惨痛的教训，并且发誓说下一次会事先作好防范以更好地保护自己，但他们却总是在为上次已经发生过的灾难作防范工作。第一次灾难是一场洪水，幸存者记住了这次洪水的教训，搬到了地势较高的森林中去，他们修筑堤坝和高墙，并把房子建在树上，但是他们的努力却全白费了，因为第二次灾难是发生了火灾。

经过第二次灾难后，火灾中的幸存者从森林中搬了出来并且尽可能住得离森林远远的。他们特地沿着一条陡峭崎岖的山间裂缝用石头建起了新的房屋，结果不久又遭受了一场大地震。不管第四次是什么灾难，玛雅人还是没有能够幸免于难，因为他们只是为防止地震再次发生而作准备。

【解读】>>

两千多年前的玛雅人一直为防止上一次的灾难作着准备，而两千年之后的我们仍然在做着同样的事情，总是从过去已经发生过的情况中寻找未来将要出现的危险的征兆，但是只有当我们能够确定未来将要出现的灾难是什么时，这样做才是行之有效的。上帝和我们开的一个最大的玩笑是，下一次的情况永远不会和上一次的一模一样，因此我们根本不可能为下一

次的情况事先作好任何准备，可大部分人仍乐此不疲。

有这样一个笑话：有一位先生考小学生一道应用题，念完题目就问学生：这道题用什么计算方法？学生：加法！老师说不对。学生说减法！老师说也不对。学生仍不假思索地回答乘法。老师说还是不对。这次学生很兴奋地回答：除法！老师不以为然地说，这次对了！

所有试图预测股市走势的股民基民就像这个笑话里的小学生，只是在那里瞎猜一顿。从来没有哪位大师认为自己是靠预测市场赚到大钱的。事实上，巴菲特和索罗斯可能都会毫不犹豫地承认：如果他们赚钱依靠的是市场预测，那么，他们一定会破产。索罗斯承认："我在金融上的成功与我预测市场的能力完全不相称。"巴菲特则认为，预测或许能让你熟悉预测者，但丝毫不能告诉你未来会怎样。《巴菲特与索罗斯的投资习惯》一书，更是将"要想赚大钱，必须先预测市场的下一步动向"作为投资的万恶之首。格雷厄姆也说："如果说，凭我在华尔街工作60多年的经验中发现过什么的话，那就是没有人能成功地预测股市变化。"彼得·林奇更是反复地告诫我们："不要妄想预测一年或两年后的股市走势，那是根本不可能的。"

如果说巴菲特、彼得·林奇、格雷厄姆，甚至索罗斯都说自己无法预测股市（事实上他们说了，而且不止一次地说），那么你认为还有谁能预测股市？那些所谓的证券分析师？那些甚至连股票都没有买过的经济学家？还是你认为是天才的人？不要理睬那些恐慌的股民，他们注定是要亏钱的！不要理睬那些基民，他们恐慌起来连股民都不如！更不要理睬那些分析师，他们就是一群算命先生！

把并不重要的东西过分看重，其结果必然是南辕北辙。在实际操作中，如果你手里的股票贵得吓人，是否该考虑一下出手呢？巴菲特在20世纪60年代末曾将自己的私募基金清盘，这是他个人投资生涯中唯一的一次战略性的做空，原因就是因为市场的整体估值已经超出了他所能承受的极限，他认为自己的方法已经失效，只能退出市场。

价值投资理念的信奉者都应该彻底放弃对股市的预测，无论是一年、两年，还是十年的预测都应该放弃！（更不用说时间更短的，如半年、一个月、一周的这些预测了）我们必须明白，我们长期的持续赢利与这些巫术般的预测毫无关系！

【事例】>>

不要与趋势对抗

美国长期资本管理公司因其成员包括名牌大学教授、前美联储官员、著名投资银行的明星交易员甚至诺贝尔经济学奖获得者和证券界的顶级人士而闻名。然而它最后被历史记住的，却不是理所当然的成功，恰恰相反，而是因为它的失败。

拥有众多超级明星的长期资本管理公司喜欢短期交易，最重要的一条投资策略叫“比较价值投资”，他们利用经济学家、数学家和计算机程序员共同建立了一套复杂的计算机程序，来捕捉金融工具及其衍生品价格之间的细微差别，当差别被发现后，他们就买入被“低估”的金融产品，同时卖空被“高估”的金融产品。然而，如此先进的计算机技术和强大的超级明星“梦之队”阵容却是“机关算尽太聪明”，最终被市场大趋势击败了。

1998年8月，该公司的资本由年初的48亿美元剩到23亿美元，至9月中旬只剩下6亿美元了，而且还仅仅是账面上的，若出售资产清偿债务，只有破产一条路。最终该公司以被收购而结束了其在投资界的生涯。

【解读】>>

技术分析的最终目的就是为了确认市场和股票的大趋势是上升还是下跌。但是技术分析派发展到今天，却把这最基本的一点忽略了，执著于如何精确地预测下一月，下一周，下一天，甚至下一小时，下一分钟的具体走势和价位，并因此发明了许许多多令人眼花缭乱的新技术、新方法，但

是最终却逃不过失败的命运。过分注重技巧的使用而忽略趋势，将原本并不深奥的投资弄得复杂异常，这是技术分析派走入末路的悲哀。究其原因，现代社会竞争激烈，生活节奏加快，分析师们为了自己的职位和钱包，为了迎合现代人希望快速致富的梦想，凭借中长期投资的慢慢积累财富的方法已经无法满足人们日益贪婪的胃口。可以说人性的弱点注定了技术分析的失败。

技术分析高手用许多分析手段来预测股市，比如移动平均线指标、KDJ、RSI、MACD等等，但他们都十分肯定地说预测根本就不准，也赚不到钱。证券分析师也经常告诉我们可以买卖哪只股票并如何分析，可到最后为什么还总是出错？股票市场是无法用技术分析的，再有就是一些技术分析都是建立在一个未知基础上的，它并不能说明未来，依据过往而预测未来本身就是一件非常困难的事情。我们知道一枚硬币只有正反两面，但你要预测下一次朝上还是朝下是非常困难的，就如彩票的单数还是双数一样，当你经过了极大的努力确定一个数后，其结果往往就是错的。股市也如此，普通股民对各种预测方法仍深信不疑，这是受快速致富和人性贪欲所驱使的。

投资者不具备预测市场的能力照样可以在股市上赚钱，如果不是这样的话，那么那些投资大师就应该一分钱也赚不到。爱德华·海曼完全不理会拉弗曲线和月相的变化，他只关注废品的价格、存货的情况以及火车车皮的货运量。

即使正确预测市场走势却选错了股票仍然会让你亏损掉一半的投资。如果你依赖整个大盘的上升来带动你选择的股票上涨，那么你最好还是去赌博算了。如果你早晨醒来时暗自思忖的是“我打算买股票，因为我估计今年股市会上涨”，那么你应该拔掉电话线并且尽可能离股票经纪人越远越好，你想要依赖预测市场走势来投资赚钱，这是根本不可能的。

如果你真的要担心什么事情的话，那么担心一下某某公司的床单生意如何，或者某某公司的新产品卖得如何吧。投资者要做的是选择一只正确的股票，至于股市它会自己照顾自己的。能不能放弃对股市的预测，应该说也是判断一个人是否真正接受了价值投资理念的试金石之一！用这一点来判断自己是否真正走上了价值投资之路，应该说准确度非常高！

【总结】>>

股指是不可预测的。纵观股指和股价的走势，过去的股指只反映了股市的过往。技术分析虽然是件有趣的事情，它的直观性、及时性吸引着无数的普通股民热衷于股指预测，这或许对普通股民钟情于预测的对错能有些许安慰。但美国长期资本管理公司的历史，还不够说明问题吗？在全球的投资机构中，90%的机构跑不赢大盘。这个结果可能会让你吃惊，但数据能说明一切，在股市上，能一直赚到钱的，永远是少之又少的那一部分人。

股民都希望自己能够预测股市走势和预测经济衰退，但这是根本不可能的。何苦把自己搞得那么辛苦，整天神经兮兮地去预测下一个高点和低点？预测股市的运行是建立在“空中楼阁”理论基础上的方法，作为普通投资者不要以为会有下一个更傻的人来接你的盘。上帝都不能预测股票市场的涨跌，普通股民沉溺于预测，那不是堂吉诃德大战风车吗！世界上最著名的预测理论甘氏理论被彼得·林奇称为“巫术”，其实，你仅从甘氏在纽约股票市场上混了四十几年，最后却在穷困潦倒中跳楼自杀的事实，就会明白那套预测理论有没有用。钟情于股指预测并以此为依据行事，其实就是与自己过不去。

林奇在《成功投资》中谈到：我根本不相信能够预测市场，我只相信卓越公司的股票。购买那些被低估或者没有得到市场正确认识的股票，这是唯一的成功投资之道。可是，为什么还是有人不停地预测市场？因为有太多的人想听！也许你身边总会有人问：你最好告诉我下一阶段哪些股票会涨起来。也因为如此，所以预测一旦准确，预测者便声名大噪！当然，预测者有一个聪明的办法来对付预测的不准确性，那就是：经常预测，以至于每一天都预测，甚至每半天作一次预测。所以，就如同抛硬币，次数多了，正确率就接近50%。而且更要命的是，作为听众总会倾向于记住对的，忽略错的，于是乎，经常预测的预测者的“正确率”就会大幅度地提高。

林奇在《成功投资》中继续阐述：假设你真的能够预测股市，你也未必能够赚到钱。因为，让你赚钱的其实不是大势，而是你投资的某一只股票。中国股市中的同行，也一定有过这样的实践经验。既然如此，“投资者要做的是选择一只正确的股票，至于股市，它会自己照顾自己，”林奇接着说，“这并不是说不存在被高估的市场，如果无法找到一只合理定价或者满足你的其他选择标准的公司股票，这时你就会知道市场已经被高估了。”因此，面对事实上无法预测的股市，研究寻找你能够买入的公司，才是“阳光大道”。“我所需要的唯一买入信号就是找到一家我喜欢的上市公司，在这种情况下买入股票永远不会太早也不会太迟。”

与其天天去预测你根本预测不出来的股市，不如多花一些心思去研究公司，只要有投资价值，现在套住又何妨？巴菲特刚买入中石油（H股）时曾亏了一半的钱；当巴菲特卖出中石油时，其赢利又多么惊人，赚了足足3倍。

股市投资中成功的法则有很多，但是任何速成的法则都包含着复杂的理论和极高的风险，假如你能力出众的话，任何一种方法都可以使你成功，但是你资历很普通，又想成功的话，不如来点儿简单的，多用用心，因为足够的耐心同样能使你获得巨大的成功！

No!

高水平股市分析可以帮助投资者赢利

别相信那些所谓高水平的股市分析和专业的股评家，巴菲特一直都奉劝人们最好远离股评家："只有用狂想装满你的脑袋，他的钱袋才会满。"巴菲特的哲学是相信积累、渐进，尽量多地了解事实、了解不了则绝不相信任何宣传——这才是投资箴言。

我们很多人都有过这些经历，看过报纸、电视或网络上各种各样、形形色色的股评家、分析师，每天不厌其烦地给看客或听众推荐所谓的好股票，或牛股，或黑马。虽然大多数的投资人很少听从他们的话，但不可否认，这些人的话时时刻刻都在影响着每一个人。

巴菲特一直都奉劝人们最好远离股评家，他说："只有用狂想装满你的脑袋，他的钱袋才会满。"在美国新经济如日中天的时候，摩根·斯坦利的分析师玛丽·米格成为资本市场上最耀眼的明星，被公认为"新经济女王"。在她的鼓动下，Ebay和亚马逊这些公司的股价狂飙直上，摩根·斯坦利从大量上市公司的承销业务中牟足了利，也从广大投资者的大量交易中赚足了佣金。当然，新经济的泡沫破灭之后，玛丽·米格又被称为"泡沫女王"，并且收到来自Ebay和亚马逊的投资者的诉讼。

约翰·佩其曾经担任印尼"雅加达JF"机构的调研负责人，他曾经以自己特立独行的姿态受到分析界的好评。约翰·佩其甚至将印尼苏哈托家族旗下一个企业的股票评估为"绝对不能买"。在20世纪90年代初，亚洲投资业界对分析师能力的评估中，约翰·佩其一度站在数一数二的位置。但是好景不长，这位硬汉最终被赶下了台。佩其说："在我离开雅加达的时候，没有一个人站出来为我说话，没人说‘你是条好汉’。”

投资大师彼得·林奇不无尖刻地说：“华尔街从没见过一个投资成功的分析师，破产的倒看到不少。”所以说，股市中哪有什么专家？记得20世纪90年代，因为很多股市中的专家妖言惑众，害了很多人，于是在社会职业声望排行榜上，股评家排在妓女的后面。如果有人预测经济的准确率达到90%，他一个月公布一次观点，在这个日期前，恐怕全世界所有的中央银行行长、财政部长和世界银行、国际货币基金组织的重要官员，都会彻夜不眠，等着他的金口玉言。一般的小散户，哪有机会听到他的观点？当然，事实上这样的专家是根本不存在的，过去没有，现在没有，未来也不可能有，除非有人能穿越时空，去未来世界，再带回未来的信息。

投行作为中间商，像一根扁担那样，一头挑着广大投资人，一头挑着上市公司这些重量级客户。投行在资本市场扮演的这种双重角色，让在门下效劳的分析师左右为难：一方面，他们为大众提出各种或买或抛的“专业权威”建议，投行在公众面前应树立良好的社会形象；另一方面，投行的这些报告几乎是公共事业，如果核算成本的话，根本无利可图，投行真正的获利机会在各大上市公司身上。上市公司股票发行、承销这些金融业务才是投行的“赚头”所在。投行不敢得罪大客户，况且，投行自身的投资操作未必真正按照它公布的预测报告来执行。既然那些评论只是用来装点门面的，我们又何必拿它当令箭呢？

No!

相信正确的投资理念

相信正确的投资理念有错吗？没有错。但真理是相对的，此时是真理，彼时也许就变成了谬误。形形色色的投资理论究竟是真理还是教条，关键是要看它在证券市场的实践中能否经得起检验。试想一下，配眼镜的时候，热情的店员都会送给你眼镜布和眼镜盒，要你好好“保护”你的眼镜。可是，戴眼镜的同志们想想看，哪一个人能不用眼镜布擦眼镜呢？擦来擦去，眼镜片就模糊了。

股市中几乎无人不谈投资理念。这也难怪，过去股票曾经供不应求，人们只要买进股票就能够赚钱，那时投资获利靠运气，不需要什么理念。而现在，人们已经意识到这一点，从价格投机变成价值投资就可见一斑。盲目投资的后果只会让你血本无归。现实迫使人们不得不去研究投资理念，进行理性投资。

世界证券市场只有几百年历史，我国证券市场只有10多年的短暂历史，人们在总结正确投资理念方面，确实已经积累了数不胜数的经验与教训，把它们综合起来，就可供人们借鉴。但是，知易行难。没有谁能永远掌握正确的投资理念，证券市场里没有“专家”，只有“输家”和“赢家”。投资大师们经常教导我们，应该坚持“价值投资”的理念，一般来说这是“正确”的；但有的时候又是“严重错误”的。当“众人皆醉，唯君独醒”时，价格虽然已被高估，但市场仍然气势如虹，这个时候你空仓，那你一定赚不到钱，还要因此遭人耻笑。

配眼镜的时候，热情的店员都会送给你眼镜布和眼镜盒，要你好好“保护”你的眼镜。然而，你却不知道，眼镜就是被眼镜布擦坏的。在投资上也是如此，许多人很容易相信权威人物的投资理念，其实投资理念复杂多样，很难讨论出好坏来。各式各样的投资理念，就是各式各样的实现投资目的、途径的探索，它们都是能够通往罗马的条条大路，与其被复杂的路径迷惑，或者沉溺于路径的对错探讨，高下争执，不如只想着“买得划算，卖得值当”（当然这也是一种理念）。

其实，无论是价值投资还是趋势投资，择股还是择时，主要看你自己的掌控能力，二者无所谓贵贱高低。成熟的投资理念，是那些已经成功的人作的总结。别人的经验有时候未必适合你。理念是要靠自己去实践的，有时候你自己的理念就是你成功的基础。

理念决定行为

投资理念最早的发源地是全球最具活力、最具创新精神的美国证券市场。上个世纪的大部分时期，基本分析学派是华尔街的主流投资理念，其中有两个主要分支，即内在价值型投资和成长型投资。

现如今，投资理念已经成为投资中最为重要的部分，可以毫不夸张地说，投资理念将从根本上决定你在证券市场中的投资行为，从而决定你能否长期生存在这个市场中，决定你能否在投资中获益，当然也会决定你在理论上可能获得的最高成就！

也许你以前觉得投资理念是一个比较空洞的东西，但是，凡是在投资方面最终获得成功者，必然有其合理而有价值的投资理念，如果你希望能在这行出人头地，你必须得有自己的投资理念。

所谓投资理念，是指投资者根据自己的实际情况，以性格、经济条件、人生观、价值观等众多个人因素为支点，在投资中所采用的、能够使自己长期获利的总的指导思想。它是投资中大方向上的东西，并非具体的投资技巧，正因为如此，它也是最重要的东西。从定义可以看出，投资理念是你投资工程的蓝图，是你投资工程的设计图纸。

在市场中，用最简单的分法，其实可以将买股票的人划分为“投机者”

带给你成功，而那些大师所留下来的遗产有很多也不适合我们今天的市场，所以你需要在实践中不断思考，不断总结，吸收有用的东西，抛弃无用的东西。

经过长久持续不断地努力，量变会产生质变，你最终会悟出属于自己的“投资理念”。这一过程是极其艰辛的，只有真正热爱投资的人、持续不断努力的人，才会在投资理念上有自己的东西，而那些并不热爱投资事业，又不努力，只想发财的人，恐怕永远也悟不出自己的理念，只能永远照搬别人的东西。

【总结】>>

股票、期货等资本投资市场，最显著的特征就是价格波动频繁。在这样一个多变的市场环境中，任何投资理论、任何操作系统都不可能永远有效，也不可能次次灵验，在这样的情形下，任何人想要依托某种理论、某种系统去达到长期一贯正确的操作也都是不可能的。从这个意义上讲，每个人对市场行情的判断都有对的时候也有错的时候，这种对错的几率可能是体现在对行情方向上的判别，也可能是体现在对入市时机的把握，能够长期在十分恰当的时机作出正确决策与操作建议的投资人和分析师实际上都是罕见的，也正因为在恰当的时候给出正确操作建议的难度非常大，所以很多分析师在报告结论的建议部分多采用一些似是而非的模糊语言，这些模糊的建议常常让投资者感到在操作上无所适从。

从某种意义上讲，投资理念是否成熟的重要性可能远远大于其对某些行情判断的准确度，恰如著名金融投机大师索罗斯所讲：“我的预测毫无过人之处，唯一可堪夸口的就是我的理论框架，它帮助我在一个事件刚刚开始时就能领会其重要性。人们也许期望一个成功的方法能够给出强有力的预言，可是我的所有预言都完全是尝试性的，必须根据市场的发展时时进行修正。偶尔，我也会建立某种程度的信心，每当这个时候，回报总是极其丰厚。”尽管如此，索罗斯的理论也并非永远成功，他在日本市场及俄罗斯市场投机失败就是一个很好的证明。

期货市场是公开竞争的场所，其公开竞争的特性决定了它可以同时容纳各种理念、技术。比如有人擅长波浪理论，有人熟悉江恩理论，有人通过简单均线系统构造交易体系，也有人通过复杂的数理化模型构造交易系统等等。从历史情况来看，虽然每一种理论、系统都不可能长期一贯地提供正确的交易提示，并且从操作层面来看也从来没有任何一套交易系统能够同时适应多种类型的客户的需要，然而，这些理论与系统都有其存在的价值与意义。

但是优秀的投资者都能清醒地意识到：对于某种理论或交易系统理解最深刻的只有理论创始人与系统创始人自己，其他的人在谈及别人的理论时，无非是用自己的理解去诠释前人的理论，我们只有通过总结、实践找到最适合自己个性的理论与系统，在这个市场中，别人的只能是别人的！

优秀的投资者知道那些诸多著名的投资理论未必适合自己。只有当你认识到这一点，你才会知道如何去投资。那些大师的理念的重要作用就在于它能在混乱的环境中为投资者提供一个理想的参照物。

当然，这个参照物并不是绝对正确的。在这样一个动态多变的市场中，找到一个明确的坐标对于投资者的正确决策至关重要，它有助于投资者从不确定性中发现确定性，从而为投资决策提供有效而实用的依据。正如一套机械系统，只有当投资者深刻理解并长期坚持使用时才能体会到它的优势，不要断章取义、浅尝辄止地使用某个交易系统，这是极其危险的。

人们相信凭着智慧、勇气、热忱和汗水可以跻身于成功者行列。但事实上，在通往成功的道路中等待我们更多的是：迷失、恐惧、痛苦和思索，不懈地追求和努力换来的是挫折和泪水。难道说金融投资是个美丽的陷阱和致命的诱惑？难道说自身不够聪明和勤奋？金融投资参与者都想通过自己的努力成为市场上的高手，可是金融市场和经济原理是一样的，市场上的人们依水平高低从上至下以金字塔式排列，利益则呈倒金字塔状排列，也就是说塔尖上的人掌握着最大的利益，底下的人们都想摆脱自己所在的层位，塔尖永远都是他们的方向，但塔尖上的人也是经过重重考验，不断超越自我才站到“会当凌绝顶”的地方的。

因此，聪明的投资者应该懂得：每个人在作出决策的时候都可能会犯错，不要执著于对错的争论，那是没有任何意义的！与其争论，不如仔细发现别人的对错，这样不仅可以看见我们自己的错，而且还会给我们提供一种机会，对的时候我们跟着正确的思路做，错的时候我们反其道而行之！

No!

“内部消息”是赚大钱的途径

“内部消息”总能令投资者特别兴奋，就好像听到了钞票的敲门声，可当大多数人打开门时，不仅没见到钞票，一不小心不知道什么时候小偷趁机溜进了屋子。正如巴菲特所说：“就算有足够的内部消息和100万美元，你也可能在一年内破产。”

股海茫茫，何处是暗礁？何处是险滩？这是参与股市的人最关心的一个问题。大海行舟，尚有航灯指向；股海乘船，靠什么来辨别方向呢？靠消息？可真真假假，谁知哪个是真？哪个是假？靠股评？变幻莫测，一个说多，一个说空，你去相信谁？

股市投资有三重境界——第一层依赖消息；第二层依赖技术与基本面分析；第三层依靠风险控制。三个层面中，谁在赔钱，不言而喻。但是，投资者仍然是那么的迷恋消息，丝毫不知道消息本身就是投资者最大的敌人。“内部消息”造就了许多股市上的“微笑者”，这也是股市中最可笑的，因为“同一时间，买进的人和卖出的人都觉得自己是对的”。

沃伦·巴菲特就说：“就算有足够的内部消息和100万美元，你也可能在一年内破产。”他是世界上最富有的投资者。他最喜欢的投资“消息”来源通常是可以免费获得的：那就是公司的年报。

【事例】

别被“消息”害了

赤壁之战前夕，曹操在占领地荆州，用降将蔡瑁和张允为都督，训练水军，为扫平江东作准备。蔡、张二人，久居荆州，深得水战之妙。由他们训练水军，对江东显然是一种潜在的威胁，周瑜深为忧虑。与此同时，曹操手下的蒋干主动请缨，过江准备说服周瑜，劝其投降，曹操知道蒋干与周瑜自幼同窗，交情颇厚，于是批准蒋干前去劝降。

周瑜得知蒋干前来，心中便有了数。所以，他一见面就把蒋干的嘴“封”了起来。他命大将太史慈监酒，声称：“今天是老同学相见，但叙朋友之情，不言军旅之事，有言之者当即斩首。”然后，他又以江东精勇雄壮的士兵、堆积如山的粮草和众多的文武英杰，夸示蒋干，使得蒋干始终无法开口道出说词。欢宴之后，周瑜一定要与蒋干同榻而眠。他故作大醉之状，和衣而卧，呕吐狼藉，一会儿就鼾声如雷。蒋干因心中有事，难以入睡，二更即起，见帐内残灯尚明，桌上堆着文书，便下床偷看，他见有蔡瑁、张允写给周瑜的一封投降书信，不禁大惊，忙将其藏到了身上。刚到五更，即趁周瑜熟睡之机，悄悄溜出帐外，叫上随身带的小童，飞快地赶到江边下船回江北去了。

蒋干回到江北，去见曹操。曹操问道：“子翼，事情办得怎么样?”蒋干回答说：“周瑜雅量高致，不是言词所能打动。”曹操十分不悦，道：“事情没有办成，反让人家笑话！”蒋干说：“虽然没能说动周瑜，却为丞相打听到一件重要事情。请摒退众人。”待左右之人退下，蒋干取出书信，并将听到的事情一一告诉了曹操。曹操大怒道：“这两个贼人竟敢如此大胆!”遂唤蔡瑁、张允入帐，未容二人分辩，即命武士推出斩首。这样，大战尚未开始，曹军最为得力的两个水军将领，就被周瑜以反间之计轻而易举地除掉了。

【解读】>>

三国中赤壁之战的蒋干自荐去找老同学周瑜刺探情报，还真拿到了“内幕消息”：蔡瑁、张允是叛徒！这可了不得。于是，他回报曹操。曹操不假思索，把两员大将叫来，拖出去砍了！于是，一失足成千古恨。投资场如战场，虚虚实实、实实虚虚。诚如一位老手所言：就算真正的内幕传出来了，传到你的耳朵里了，那它也早就“利好出尽成利空”了。那所谓的内部消息都是什么货色？也许，不过是庄家放出来的话，或者想让你抬抬轿子，或者想清一下你的筹码……一旦你听了，说不定就中计了。

从消息本身看，消息无外乎是一个计划中的行动或项目，如并购、重组、资产注入等。我们常说的一句话：“计划赶不上变化。”一是你不知道何种因素会导致这个项目不能实施，二是你也无法预知这个项目对于企业的真正价值多少，所以，消息本身具有很大的不确定性。

从消息的来源看，“令人相信的”的消息常常来自上市企业的高管。但是，如果你理解投资是一门专业技能的话，你也应该想到这些高管也许并不懂得投资的估价技术。他可能是财务、人力资源的专家，甚至董事长，他们具有经营企业的能力，懂得产品，但是他们未必了解企业的投资价值。一位上市公司的总裁说，任何时候你都可以买他们企业的股票，但是你要持有50年。这的确是一家优秀的企业，但是“好的企业未必是好的投资”，如果价格奇高的话，你是得等上几年甚至几十年才能获得投资收益。他让你持有50年，真的是“没错”的建议。

从常识的角度来看，传来传去的消息往往很“廉价”。还有，真正有价值的消息来自于与你有共同利益的人。无关联人士的消息，为什么给你？作为专业投资者，我们需要不断地发现价值，所以需要依靠“自己”的勘查钻探能力，发掘价值。如果依靠外力，好比守株待兔，靠天吃饭，“生存”堪忧。

<<【总结】

在证券交易所，常可听见这样的话语：“我听说明天要取消利息税，来源绝对可靠。”股民们在一起彼此交流着自己从不同渠道听到的消息，并彼此鼓励买卖股票。“明天消息出来要大跌，我们今天先把手上的股票卖了吧。”在交流的同时，大家还要议论消息会给股市带来什么样的影响，如果大家的消息都是一样，股民们就深信不疑，立即下手或买或卖。如果第二天消息没出来，就会有股民抱怨卖早了或者买亏了。但是吃一两次亏依然不会让股民对消息失去信心。“前段时间传言要提高印花税，你看不就是真的。”股民们认为，这种消息宁可信其有，不可信其无。所以，下一次又流传什么消息，有不少股民依旧热衷于听信小道消息。

我们有必要来了解一下传播消息者的心理动机：

1. 好朋友一般都应该把好东西拿出来分享，大家一起赚钱。

2. “据消息人士”或“消息灵通人士”说，这句话经常在某些媒体语言中看到，消息人士意思即内部人士、重要人士。每个人的内心都有成为“重要人物”的心理欲望。

3. 我已经建仓了，你也来吧。我们同舟共济，多些人买，涨得快！难听些，亏了，有人和我做伴儿，痛苦也少一些。

4. 依靠传播消息来获利。比如说一段时间网络红人们，利用网络炒红了自己，然后在下面收钱“入会”。传播消息等于赚钱工具，从经营企业的角度说，也无可厚非，虽然不道德或者违法。但是总有上当受骗之人，也不能不说是他们给这样的营利模式提供了生存环境。

几点动机分析下来，好朋友分享信息是唯一“值得”注意消息的理由。但作为理智的投资人士，你要能够在良好动机的基础上辨析信息的价值。生活中有句话：好心办坏事。比如有人走雨夜的路，你也没走过，你却告诉他走“亮”的地方，他听你的话就得一直淌着水而行？

信息的价值，关键要看处理信息的能力，和“良好的动机”没关系。反过来，良药苦口，忠言逆耳。不好听，不好吃，却有用处。信息在如今这个时代，借助网络和手机等工具，传播速度空前惊人，的确是爆炸了！因此信息分析和处理的能力就更加重要。若无处理分析之能力，不传为好。知之为知之，不知为不知，是智也。另外，大量的正规渠道信息，足够你研究分析，何必在意“小道消息”？

喜欢听消息的人，也不妨看看巴菲特对小道消息的态度：避之如瘟疫，唯恐不及。

坐庄婆罗洲锡业（婆罗洲是印尼的一个岛屿，也称加里曼丹岛）的一个机构，为了把股票出货给利文斯顿——美国当时著名的投资人，因此故意在利文斯顿的老婆吃饭的时候，安排人装作投资机构大老板的样子，在旁边的桌子上大谈这个锡矿的增长潜力和股票拉涨价位。

当然，他们的目的是让利文斯顿的老婆把这个消息传递给利文斯顿。他们的第一个目的达到了，利文斯顿的老婆确实对自己偷听到的“惊人秘密”深信不疑，并且动用自己的全部身家都买了这只股票。

但是他们的第二个目的没有达到，他们不知道利文斯顿的老婆是不服她丈夫的，她一直幻想着有朝一日赚一笔大钱给丈夫看一看；现在，她觉得自己的机会来了，因此她并没有告诉她老公这个消息，她在等着羞辱老公。

不久，当利文斯顿看到婆罗洲锡业的股票开始上涨的时候——这正是庄家给利文斯顿制造的假象——不但没有追，反而把已经持有的部分全部卖给了庄家。这就是大部分消息的实际来源，即使庄家本人，也可能并不知道他深信的所谓内部消息的确切来源和产生原因。

因此，作为一名成熟的投资者，了解自己手中的股票是最为关键的，了解上市公司经营如何，业绩如何，最近有什么重大事项等，都是非常关键的。只有完全了解手中的个股，投资人才会对自己的投资有信心，不论什么传言，都可以依据自己已经掌握的信息来判断真假，而不是信谣传谣。你要知道，股市是不会辜负成熟的投资人的。面对满天的传言，要努力培养自身的判断能力，一味地听信传言是非常危险的。投资者要以一种平稳的心态来面对股市的大起大落。应当学会自己分析基本面和消息面，如果一切都没有问题，就不应该相信谣言来吓唬自己。大跌以后也不要怨天尤人，而应该思考如何改变手中持有股票的结构，力争在最短的时间内扭亏为盈。

时刻都去考察投资业绩

股市中最悲哀的人不是赔了钱的人，而是那些时刻被钉在电脑前看投资业绩的人。这种悲哀是永远的，因为他们时时刻刻被市场被股票所妙却犹然未知。你要记住，不要时刻不停地监视自己的投资业绩！因为短时期的涨跌会影响到自己的判断，从而轻易否定自己的判断，后市常被证明改变是错误的。

绝大多数投资者在失败时体会的痛苦都比在挣钱时体会的幸福多。折磨总是大于享受。我们不知道为何会这样，但它千真万确，也许是因为投资这行充满不安全感。

但是，当投资者对于自己每天甚至每分每秒的业绩念念不忘时，痛苦的时间就不可避免地被拉长了，而快乐的时间就变得更少了。再考虑到痛苦总是会带来焦虑，而焦虑又进一步造成投资者作出坏的决策。也就是说，时刻不停地监视自己的投资业绩即不利于你的心理健康，也不利于你的投资结果。

多数投资者都认为他们是理性的，但实际上，他们总是会掉进随机性的陷阱中，并且饱受短期业绩波动带来的精神折磨。塔勒波说："每次当我看到有投资者在手机或掌上电脑上查看实时股价、跟踪自己投资组合的变动时，我只有笑笑。"也就是说，塔勒波建议远离那些动态表。当一名投资者把目光放在短时期的涨跌上，他所关注的实际上是他的投资的波动，而非实际收益。人天生容易被感情所左右，但作为投资者，我们需要克服感情的因素。

塔勒波也明白这并不容易。塔勒波说，他的做法是有时把自己和信息源隔离开来。“我更愿意读读诗。”他说，“我知道我需要坐在没有信息终端的公园长椅上或咖啡馆里展开思考，有时必须得强迫自己这样做。”他坚持认为，每周从头到尾认真读一次《经济学人》要比每天早晨读《华尔街日报》好，每周一次的频率更合适，《经济学人》带来的心智上的满足感也大大高于报纸。他在书中写道：“我这辈子唯一的优点就是，我清楚自己的某些弱点，最主要的是我无法以清醒的头脑去看待自己的业绩。”

一只涨5倍、10倍，甚至是20倍的股票，很少有投资者能一直持有，市场总会把那些不坚定者清洗出去。股价的涨跌根本不能改变公司的价值，这是谁都清楚的，但它却改变了人的心态，短暂的调整，下跌将几乎所有的人挡在成功门外，巴菲特成功也许只能是唯一的例外，所以他的坚持才显得那么伟大，他的成功才显得那么不凡！

记住这一点：当一名投资者把目光放在短时期的涨跌上，他所关注的实际上是他投资的波动，而非实际收益。

No!

用金钱来衡量价值

投入多少不能用金钱来衡量，而是要用时间来计算。而且在时间和金钱这两项资产中，时间是最宝贵的。金钱能够储蓄，而时间不能储蓄。金钱可以从别人那里借，而时间不能借。人生这个银行里还剩下多少时间也无从知道。因此，时间更重要。

你能够通过节俭来变富，你也可以通过吝啬来变富，但这要花很长的时间。比如，花 2 个小时和 320 美元坐飞机或 2 天时间和 48 美元乘火车都可以从美国东海岸到达加州。穷人用金钱衡量价值，而富人用时间衡量价值。在很多情况下，穷人和中产阶级之所以整日要为生活而苦苦奋斗，就是因为他们把金钱看得太重了。他们紧紧握住手中的钱，为钱努力地工作着，勤俭地过着日子，他们不惜花费大量的时间到处买打折商品，尽可能地省钱。很多这样的人想通过吝啬变得富有。但是最终有一天，他们有可能会变得有很多钱，但他们依然很吝啬。

当然，节约和勤俭应该提倡，但变富的计划的关键是价值。而且，很多人都认为价值是用金钱来计算的。实际上，价值是要用时间来计算的，因为时间比金钱更重要。很多人都想致富或去像富人那样进行投资，但他们都不愿意投资时间。他们只想靠自己去干一番事业，而从未想过先投资学一些东西，或者按照一个简单的长期计划进行。如果一个人能简单地遵循一个长期计划的话，几乎每个人都能成为百万富翁，但还是有很多人不愿去投资时间，他们只想一夜暴富。

投资股票也是如此，一家好公司需要你花时间去寻找和长时间的跟踪；一个好的买价需要你耐心的等待和时机的成熟；一笔成功的交易需要你给予足够多的时间去实现。所以说，不能用金钱来衡量价值，学习用时间去衡量价值，它一定会还你“时间就是金钱”的回报。要记住，一笔赚钱的交易是需要时间的。

好交易是需要时间的

时间的价值就像金钱的价值一样，完全体现在如何使用上。舍不得花费时间耐心等待的人，损失的不仅仅是金钱，还有比金钱更贵重的东西——时间。不是每天都有满足你要求的交易标的出现，整个 NBA 只出现一个飞人乔丹，但拥有乔丹的公牛队却六修正果。投资也一样，只有投资超级明星的企业才能使你的投资组合炫耀夺目，以一般的价格买入一家非同寻常的好公司要比用非同一般的价格买下一家一般的公司好很多。但明星企业却很少，需要你不停地长时间去寻找。当你找到符合明星企业条件的公司的时候，你还需要花时间去跟踪，进一步确认自己判断的正确性，巴菲特在买进可口可乐之前足足跟踪了几十年，才选择下手。

好的公司当然需要一个好的买价，本质上说，所有的公司都是有价值的，但很多公司不具备投资价值是因为大多数除了不具备优秀企业特征以外，还有本身的价格并不便宜。好公司没有好的价格依然存在着风险，好公司为什么不等于好股票是因为人们对价值驱动因素的隐含预期过高，表现在股价上是价格远高于公司内在价值。投资首要的原则就是本金安全，所以在选择股票的时候，你必须要为自己留下足够的投资安全空间来保护自己的投资。因为你无法掌握公司的全部信息，对未来的现金流只是一个估计值，市场经常是非理性波动的，因此会使你的估值发生偏差，弥补估值这些因素造成的偏差，最合理的做法就需要一个安全空间的价格出现。世界上几乎没有人能精确估计公司的内在价值，合理的做法就是用最保守的方法对公司进行估值，当你的最保守估值与市场价格还存在一个比较大的安全空间差价的时候，一般认为这家公司的股票就值得购买。

这种好的买价当然需要足够长的时间去等待，等待市场先生出现犯错误的时候；或者公司的价值驱动因素出现新的正面变化而使公司好的价格买点出现。当然，这种时机上的选择与技术分析所表述的时机选择完全是两回事，利用图表来确定公司买进时机在本质上说都是徒劳的。

当你用非同一般的好价格买进一家非同寻常好公司的时候，你唯一要做的就是给这家公司足够多的时间来让价格向价值回归。经常看到好多人埋怨自己跑得太早放走了一只黑马而捶胸顿足，还有的人对自己目前组合中持有的好股票在短期价格表现不理想而焦躁不安。而更多的人却因为大盘的波动而对手上的好股票诚惶诚恐，大盘的波动并不会影响公司的长期价值。不要管大盘波动，自己检查一下所选择的公司究竟是不是好公司，你买的价格是否留了足够的安全空间，如果都是，即使躺在床上睡觉也会赚钱。2001 年开始的 5 年熊市，茅台、大商却翻了近 10 倍、海油工程翻了 8 倍、小商品城翻了 5 倍，这都是最好的证明。

绝大部分股票投资者都希望今天买进，明天就卖出，赚取暴利。如果你告诉他，低价买进好股票，持有三年，可以赚钱，他们会觉得时间太长，难以接受。然而，我们中间大多数人，按揭买房，从签约到拿到房子，前后历时三年。在这期间，购房者没有分文收入，却定期缴给银行贷款利息，毫无怨言。还有一些人，决定创办工厂，从市场调查、向银行接洽借款、寻找厂地、设计厂房、招聘员工、安装机器设备、试验生产到产品推入市场，前后历时三年，再苦撑两年，才开始盈利。他们会认为这是创业的正常过程，心甘情愿。

以上例子有一个共同点，那就是投入资金，希望赚取合理的利润，这叫“投资”，人们除了知道投资需要时间外，也知道凡是投资都有风险，风险是赚取比银行存款利息更高的利润所需付出的代价。那么，为什么买房子可以等上三年，买股票却不能？为什么肯花五年的时间等企业产生利润，为什么股票投资不肯等五年？股票就是公司的股份，跟投资买房、开工厂没什么两样，你拥有股份的上市公司，跟你所参股的别的私人公司一样，需要时间才能赚到钱。给好公司足够的时间吧，它一定会还你“时间就是金钱”的回报。好交易是需要时间的！

No!

不要把鸡蛋放在一个篮子里

“把你的财产看成是一篮子鸡蛋，把它们放在不同的地方：万一你不小心碎掉其中一篮，你至少不会全部都损失。”这是经典的鸡蛋篮子论述，但事实真的如此吗？鸡蛋和几个篮子，都谈不上问题的关键。真正聪明人的做法是，把鸡蛋放在一个篮子里，然后看管好那个篮子。

不要把鸡蛋放在一个篮子里。是股市里流传最广的一句话。这种投资理念告诉我们两点：第一不要把所有的钱投在一只股票上，第二不要把所有的钱都投入到股市里。换句话说，就是通过分散投资的方法以降低风险，达到“东方不亮，西方亮”的目的。分散投资的由来是投资者对“一个篮子”没信心，感觉单项投资不可靠，希望在其中一项投资发生亏损的时候，其他的投资能有所收益来平滑整体的投资回报。

与此对立的还有一个观点就是，把鸡蛋放在一个篮子里。从成本的角度来看，集中看管一个篮子总比看管多个篮子要容易，成本更低。世界上的投资大师首先会从赚钱的角度考虑，如果你错过这个机会，你将少赚很多钱。除了在面临系统性风险时难以规避资产缩水，分散投资的另一个不足在于，这种投资策略在一定程度上，降低了资产组合的利润提升能力。

究竟应把鸡蛋集中放在一个篮子内还是分散放在多个篮子内，这种争论从来就没停止过也不会停止。实际上，鸡蛋和几个篮子，都谈不上问题的关键。真正聪明人的做法是，把鸡蛋放在一个篮子里，然后看管好那个篮子。

马克维茨的经典比喻

1952年，马克维茨发表了一篇仅14页的论文《资产组合选择》，大致的内容就是，把你的财产看成是一篮子鸡蛋，然后决定把它们放在不同的地方：一个篮子，另一个篮子……万一你不小心碎掉其中一篮，你至少不会全部都损失。这就是诺贝尔经济学奖的获得者马克维茨最经典的比喻。

马克维茨认为，关注单个投资远远不及监控投资组合的总体回报来得重要。不同的资产类别，例如股票和债券，二者之间可能只有很低的相关性。换句话说，就是它们的表现彼此关联不大。如果你有很多项投资，你就会看到它们的表现每一年差别很大。比如，有的年头股票表现不佳，债券表现出色。鸡蛋必须放在不同篮子的主要目的是，使你的投资分布在彼此相关性低的资产类别上，以减少总体收益所面临的风险。

假设在1999年到2003年期间，把1000美元投资在一个多样化的投资组合上得到了正收益。但如果这1000美元完全投资在一栋房产或某家公司的股票上，那么你的1000美元在市场波动面前会变得无比脆弱，很可能带来负收益。比如1997年金融危机后，亚洲许多公司的房地产和股票都大幅贬值，把所有投资都放在上面的人损失惨重。更重要的是，多样化投资组合的波动性更小：在此期间，上方的线条一直更接近1000美元的基线。也就是说，在整段时间内，多样化投资组合的价值不像全股票投资组合的价值变动那么大。想想黄金类股。是的，它们的走势十分不稳定。但是由于黄金类股在其他投资遭遇重挫时往往会逆市上扬，因此，把该类股加入投资组合中能够降低投资组合的总体风险。

放在篮子里的鸡蛋都会碎

许多投资经理们和学院经济学家们都清楚，投资必须要同时考虑报酬和风险。马克维茨的这种“理念”对于广大中小投资者来说又能有多大实际意义呢？市场操作又是怎样的呢？不愿意把鸡蛋放在一个篮子里，是因害怕篮子不结实。那么你把鸡蛋放在多个篮子里，难道就一定保险吗？事实并非如此。

我们知道，鸡蛋是易碎的，如果处理不当，投资错误或鸡蛋掉到地上很容易就没了。如果你是一个美国的投资者，或者你买美国公司的股票，那么，在这样的日子里：1893年、1907年、1929年、1962年、1987年、2001年，你就会体会到财富是怎样“蒸发”掉的。在那些日子里——比如人们所说的“黑色星期五”——股票的价格从天上掉到地下，其价值等同于一张白纸，财富确实“蒸发”了，即使是那些人们认为稳如泰山的财富。而且，每一次股市的暴跌，总会有一批人从股市上消失——有的破产了，一蹶不振，或者干脆从高楼向下做自由落体运动。

把钱存于银行，或者买点国库券，曾是绝大多数中国人的理财方法——如果这些行为能说是在“理财”的话。因为有政府的信誉作保证，这样的行为几乎没有风险。但如果有通货膨胀发生，并且通货膨胀率比银行的利息高，那么，存在银行的钱不但不能增加，反而是在缩水。和银行的储蓄相比，政府债券的收益要高一点，由于它是由政府的信誉作担保，所以，风险极小。但是，它的缺点在于，需要在一定的时间才能获得收益：一年期的、三年期的、五年期的，不一而足。如果要在兑付利息的日期到来之前把钱拿回来，其收益就会大大降低。

除了上述的投资行为，其他的投资行为，比如股票、“炒”期货，购买共同基金，或者进行艺术品投资，都有一个风险和收益的问题。如果投资失败，财富是可以“蒸发”掉的；这就是理财中必然会面对的风险问题。因此，我们想说的是，鸡蛋怎么放，放在几个篮子里并不重要，重要的是看好放了鸡蛋的篮子。

看好篮子才是硬道理

投资就好比买衣服，有几件就够了。绝大多数人都为“明天该穿什么衣服”而耽误许多时间和精力，还有衣柜里琳琅满目的衣服整理工作，更是让人头疼，你要将每件衣服洗熨干净平整放进衣柜，而这都带来不少的劳动量。投资其实也是这个道理，贵精不贵多，关键看你的“篮子”是不是够结实。被巴菲特尊为老师的费舍尔，持有摩托罗拉几十年，收益“爆棚”，他的故事惊人，大师也由此炼成。

对于中小投资者来说，鸡蛋最好放在一个篮子里，除非这个篮子有缺陷，不再能够安全地盛放鸡蛋，否则，最好不要到处放。其次，把你有限的资源全部投入到保护好这个篮子，这是你的全部家当，毕竟照顾好一个篮子要比照顾好 10 个篮子容易得多。

把鸡蛋放在一个结实篮子里比把鸡蛋放在多个篮子里要安全得多，选择一个结实安全的篮子就显得尤为重要了。可事实上，并没有哪个篮子是绝对安全的，股票、期权是高收益，同时也是高风险的；债券、基金等提供稳健、长期的收益，但收益较小，也存在一定风险……因此，我们所要做的是看好放了鸡蛋的篮子。

首先你要认真选择篮子，不要盲目或想当然地去选。要严格、仔细地去挑。挑一个结实的、能承受所有鸡蛋的篮子，把鸡蛋安全地放进去。因为你选的是一个篮子，你可以有更多的时间、精力去做好这项工作。从而挑选出的篮子一定是最好的，最安全的，而不是连自己都吃不准的。巴菲特之所以能看管住自己的鸡蛋篮子，是因为他在作出投资决策前，他总是花上数个月、一年甚至几年的时间去考虑投资的合理性，他会长时间地翻看和跟踪投资对象的财务报表和有关资料。对于一些复杂的难以弄明白的公司他总是避而远之，只有在透彻地了解所有细节后巴菲特才作出投资决定。

呵护好篮子里的鸡蛋。因为所有鸡蛋在一个篮子里，你没有必要东看看西瞅瞅，可以集中思想看好篮子里的鸡蛋。万一有什么突变，也可以第一时间解决它，而不是遇到突发事件自己开始手忙脚乱。绝大多数的投资者却不是这样做的，他们总觉得哪个篮子都不安全。于是，很多人买了 10 只以上股票希望来分散风险，手里股票捧了一大堆，成年满仓运作，就是账户余额剩个几百上千也不放了，到头来自己买了什么股票也不清楚，盯都盯不过来，更别提操盘了。要知道每只股票的业绩表现都会有所差异的，大盘指数是大多数股票价格涨跌的反映，不可能代表个别股票。因此，分散投资带给自己的只有麻烦，不但不能达到分散风险的作用，反而会让你心疲力竭。除非你是专业的投资者，否则最好不要东一篮子，西一篮子，因为你关注的股票多了，你的注意力势必就分散。每个股票的买卖点的选择就会比较匆忙，从而造成自己操作的失误。

把鸡蛋放在一个篮子里还有一个更加可靠的理由：如果你的钱并不多，分散它就没有什么意义了。

游击队想分散兵力吃掉敌人的大部队在战场上几乎是不可能的，中小投资者犹如战场上的游击队。游击战术的十大军事原则，其中有一条就是“集中优势兵力，为求全歼敌人”，这对我们这些“游击队员”来说太有用了。手中的资金是有限的，就应该集中力量选择一只或几只股票进行操作，就已经足够了。这样才能集中精力，去分析、研究它，也方便在最短时间发现问题，解决问题。马克思 1857 年在《印度起义》中说：“战略的奥妙就在于集中兵力。”集中便于管理，集中可以快速反应。

中小投资者的资金量决定了不能把“鸡蛋”放在很多篮子里，他们的技术水平更不允许这样做。证券市场是一个专业化水准要求很高的市场，庄子说过：“天下大事必作于细。”在证券市场里，你所做的越具体越好，越仔细越好。与此同时，把精力全部投入到如何选一个结实点的篮子上，正如一位作家所说的那样：“傻瓜说，不要把所有的鸡蛋放在一个篮子里；而聪明的人却说，把你的鸡蛋放在一个篮子里，然后看管好那个篮子。”

有很多理由告诉我们要“攥紧拳头”有力出击，这样比“伸开五指”被动挨打要好得多。另外，如果对自己的投资行为没有把握，暂时还没有建立起一个完整的投资理念，就别急于去盲目投资。首先，应该全面地了解、掌握股价运行的基本规律之后，再付诸行动也不迟。俗话说：“隔行不取利”就是这个道理。没有经验的“外行”与“内行”竞争，一定是要交“学费”的，甚至是昂贵的“学费”。

使资金增值的渠道有很多，储蓄、证券、期货、国债，收藏等等，除了储蓄不需要太多的知识以外，哪一行都需要专业的技巧做后盾。今年买股票，明年倒邮票，过两年又开始收藏古董，看似很热闹，总是“水上漂”，不能把根扎下来，到头来还是一场空。“滚石不聚苔，转行不聚财。”无论是你选择股票，或是收藏、期货哪个篮子，都要认真学习如何保护好篮子里的鸡蛋。只要具备了专业的素质、优良的意志品质和百折不挠的敬业精神，你的“鸡蛋”才会越来越多，“篮子”也会越来越大，等到“鸡蛋”足够多的时候，再把它们分开来，放在几个“篮子”里也不迟。

No!

追涨杀跌

每一位投资者都懂得“低买高卖”这一制胜法则，然而对风险的恐惧往往会影响投资者的判断力，以至于无法作出恰当的决定，最后人云亦云地抢进杀出而犯了“追涨杀跌”的大忌。巨大的代价培养出来的价值投资理念，审慎的理性投资行为，才是一个成熟的投资者所为。

以巴菲特为代表的一批坚持长期价值投资的大师们用其一生之经历为我们验证了坚持长期价值投资带来的巨大财富，不过更有一些投机志士们采取追涨杀跌、频繁操作、捕捉波段、追究利益最大化的方法希望获得更多的既得利益，最后的结果是得不偿失。历代投资大师的经验告诉我们，任何人都不能准确预测股市的涨跌，投资成功与否与预测股市的涨跌无关，关键在于精选个股。无论牛市还是熊市，只要通过对企业深入的基本面分析，精选出具备持续竞争优势的个股，并坚持长期持有，不为市场短期波段所动，从中长期来看，必然能实现较好的投资回报。凡是坚持长期持有优质股票的投资者，其最终回报也要远远高于短线操作、追涨杀跌的投资者。

我们可以把大多数的“追涨杀跌”者看做是拿着钱到股市赌博的赌徒，见股票上涨就激动，马上就会有买入的激情，买入后股票下跌就会胆战心惊，只有卖出以寻求解脱。这是他们的通病，也是为什么赔钱的原因。追涨杀跌者纯粹是以交易为生的投机行为，每天在卖出风险的同时又买入了更大的风险，实际风险不但没减反而增加，况且又是满仓买进，被套后没有迂回余地，又急于想挽回颓局，难免陷入追涨杀跌的怪圈不能自拔。实际上，在股市进行短线操作并不适合广大散户投资者，长期满仓买进也不符合风险市场现金为主的原则。有人说，只有满仓才能有更多的获利机会，但在股市投资中，高收益往往伴随着高风险。确实想长期满仓的话，也应该选择入市时机和选准目标，尽量少换品种。股市散户投资者要有点随遇而安的心态，切忌在某一时期的收益上与别人攀比，尤其是在急速上扬的火爆行情中更应注意见好就收。

巴菲特买入中石油，算是一种价值投机，很多人喜欢称为价值投资，其实这两者没有本质的区别，主要在于灵活性和操作手法不一样。价值投机操作可能更频繁点，但是相对短线操作次数较少。价值投机者可以每月操作一次或者一季度操作一次甚至一年操作一次，操作越少越好，主要根据市场趋势走向抉择。上班族炒股，比较适合用价值投机的方式，很多人没时间看盘正好避免受大盘的频繁变动的干扰，可以逐月跟踪研究，发现有很大的把握的时候才进场。进场第一买绩优股，第二买入涨幅不大的股票持有到盈利！

价值投机是更灵活的价值投资，而追涨杀跌纯粹是短线投机。两者风险程度截然不同，前者即使暂时被套也由于其价值投资的基础，从而降低了风险。而追涨杀跌不同，一旦高位套牢，将承受很大的风险，而且往往多年不得翻身。都说有短线技术的可以做追涨杀跌的超短线操作，没有短线技术的要稳当地作中长线投资。其实从很多投资成功经验来看，真正获得超额收益的还是价值投资者。

追涨杀跌的现象不仅在股票市场上屡见不鲜，在基金市场上也是屡见不鲜。购买基金追求的是长期投资，不是短期差价。购买股票基金属于间接投资股市，如果股市走势不好，那么基金投资也会出现风险。现在许多投资者缺乏必要的基金投资理念，追涨杀跌，频繁操作，不但增加了基金管理的难度，而且导致市场波动。对于投资者本人，频繁操作增加了投资的成本，也会失去投资的机会，毕竟基金的净值波动比股票市场要小得多。无论你是投资股市还是基金，如果不能学到为一家企业评估价值的话，迟早会血本无归的。我们的建议就是选择好股，耐心持有。

No!

卖涨捂跌

许多投资者都怕涨不怕跌，于是他们陷入了卖涨捂跌的恶性循环。涨了想落袋为安，而输的时候却坚持到底。

经典金融投资学认为，投资人是能够为自身投资收益最大化而作出正确决策的人。事实上，有许多股票投资者的确往往作出理性，但看来不太正常的投资决策，行为经济学家将其形容为“正常的傻瓜”。譬如，卖涨捂跌、以为高风险必定带来高收益等。

为什么“正常的傻瓜”喜欢卖涨捂跌呢？

卖涨捂跌即正常的股票投资者如果同时投资了甲乙两只股票，一旦股票市场发生了变化，人们倾向于卖掉上涨的甲股票，留住下跌的乙股票，或者同时卖掉上涨的两只股票，或者同时捂住下跌的两只股票。

如果正常的投资者是理性的，那么，他当初的投资决策应该是基于估值模型对甲乙股票的基本面情况或者对其技术面走势充满信心的。如果甲乙股票的基本面和技术面并没有发生变化，而只是人们的心理状况发生了变化，那么，他不应该感性地根据股票的涨跌作出买卖的决定。即使需要作出买卖的决策，也不应该卖涨捂跌，因为按照有效市场理论，股票超预期涨或跌都有自己充足的理由，假定是股票的基本面或者技术面发生了好转而导致甲股票上涨，他应该在甲股票股价上涨至目标合理股价之前继续持有该股票或者调高该股票的估价才对；假定是股票的基本面或者技术面发生了恶化而导致乙股票下跌，他应该调低该股票的估价并根据新的估价标准作出买卖的决策才对。2002年以来，以贵州茅台为例，由于其基本面不断超出预期，许多长期理性的投资者敢于不断买入并且持有它的股份；与此同时，原来的龙头股四川长虹由于身处同质同业恶性竞争的环境，基本面每况愈下，许多长期理性的投资者自然就会果断离场观望。

可是，许多正常的傻瓜并没有如此理性而为。他们急于卖掉上涨的股票，他们感到所得收益必须落袋为安，至于当初的目标估值以及其后调高的目标估价那只是水中月、镜中花，紧接着又去追逐下一个能够上涨获利的股票，也许就像球王贝利所说的：永远是下一个进球更为精彩。他们甘于留下下跌的股票，那是因为他们相信所遭损失只要不去兑现就不算损失，即使基本面和技术面已经恶化，也终究会有云开雾散的时候。

由此看来，这些“正常的傻瓜”并不是根据理性的估值分析来决定买和卖，不会根据市值变化设定止盈点和止损点，而是根据感性的盈亏感觉来决定买和卖。这种现象可以用行为经济学的“沉没成本”理论加以解析。“沉没成本”理论认为，人们一旦对某人某事付出了一定的成本代价之后，就特别在意有无收获，尤其是在盈亏平衡点最为敏感。譬如，某君与某异性朋友相恋多年或结婚多年，不料发现彼此存在原则冲突，尽管度日如年，但念及付出太多的时间、精力、金钱乃至感情，还是舍不得分手或者离婚，倒不是他们有多么相爱，而是因为受累于“沉没成本”，自欺欺人地相信时间终究可以抚平伤口。要知道，分手或离婚是一个爱情成败的标志，一旦成为现实，意味着承认错误和承担责任。如果他们果真彼此相爱，某君反倒可能并不满足和安分，不但不太珍惜这份爱情，而且常常萌发非分之想，努力寻求更新更美的情缘。难怪人们常说，幸福的爱情大同小异，平淡无奇；悲惨的爱情大不相同，生不如死。与此同理，许多投资者对上涨的股票珍惜不够，乐此不疲地追逐下一个涨得更快的股票；对下跌的股票则好像情有独钟，耐心相守，其实，不是因为投资者对此股票善待有加，而是因为他不肯、不敢承认错误和承担损失。

如果你没有从错误中接受任何教训，那么犯错误的代价将是十分昂贵的。你永远不要犯同样的错误，因为还有很多其他的错误在等着你。

No!

快速换手能获得可观的利润

在别的行业，你越勤劳，收获就越多。股票投资则刚好相反，你越勤劳，做得越多，不断在股市中抢进杀出，收获往往越少。频繁交易，乃投资大忌，往往是一条通往失败的高速公路！

我们都相信幸福只在辛勤的汗水中。没有什么比无所事事更为有害了。于是一些投资者“辛勤”地在股市中耕耘，他们觉得在股市里不买不卖简直是在浪费时间，可你要知道，在别的行业，你越勤劳，收获就越多。股票投资则刚好相反，你越勤劳，做得越多，不断在股市中抢进杀出，收获往往越少。

股市不是每天都有营利机会的，当你卖出一种股票，而买进另一种股票时，你的回报率不一定就会因此提高。频繁地进出会带来改变，而改变一定会带来成本问题。不过成本问题并不是最主要的，每天买卖会带给你情绪上的波动，冲散了冷静观察股市的注意力，同时使交易的质量降低。

有很多投资者认为高点卖出，低点买入可以挣到比长期持有更多的钱。实际的理论研究和美国股市的实践证明，这是个完全错误的想法。频繁交易并试图通过交易获利的投资者，从来没有超越过长期持有者，也从来没有跑赢大盘，这是一个铁的事实。靠交易挣钱的投资基金，无法长久打败大盘指数。这个结论是美国众多基金管理师经验的总结，也是金融领域几十年实证研究的一致结论。

美国的共同基金数已超过一万个（而上市的股票数约 8000 只左右）一万多共同基金中只有 2073 家已存在 10 年以上。这 2073 家基金选股风格各不相同，但有一点是共同的：这些成千上万的基金管理员都想赚钱，谁都想超过别人，都想靠交易打败大盘指数。但实际怎样呢？统计一下这两千多家基金过去10年的情况，你会发现，这些共同基金的平均年回报率为9.85%，而同期美国所有上市公司加权指数的平均年回报率为18.26%；请特别注意这2073家基金是至少“活下10年”的一万个基金中的最好的，既使是这些业绩较好的基金，它们靠交易频繁操作的回报率还是不如大盘！

美国有一篇题为《男女有别：性别、自信与股市投资业绩之关系》的文章。文中对美国3.5万股民于1991年至1997年间的股票交易作了详细研究，发现男士的平均换手率每月为6.11%，而女士的为4.41%，因此，男士投资者比女士投资者的股票交易频率差不多多50%，男士投资者的回报率平均比市场大盘指数落后2.54%，而女士平均比大盘落后1.84%。由此可见，尽管男士比女士更愿意交易、更愿意冒险，进出更频繁，但业绩却更差。也就是说，频繁交易的结果是使收益更差了，而不是更好！

大多数人愿意交易，原因是认为“我自己远比一般人要强！”这种过于自信的态度是频繁交易的个人和基金超不过大盘的原因之一。自以为聪明，自以为能力过人的频繁操作，实际上是看不清市场本质的表现，市场中有数以万计的聪明的大脑都和你一样，在试图变得比大家更聪明，这数以万计的都在想超越其他投资者的人，他们的行为最终导致的结果是股价变成了短期内不可预测和不可预期的，因此对短期趋势和股价的判断是永远不可能正确的，以永远不可能正确的判断进行操作是肯定要赔多挣少的。

频繁交易，乃投资大忌，有时候就是一条通往失败的高速公路！如果控制不住地交易，没有理由地交易，天天交易，可能就是中了“交易之毒”。要记住，我们投资的目的是“获得利润”，不是为了交易的乐趣。如果你不相信交易会降低收益的话，那么你就继续做波段交易，让账户的资金减少来帮助你深刻地体会这个真理吧！

No!

试图选择市场时机

市场时机的选择是一个空前的神化，没有一种策略能够持续不断地告诉你，何时该入市，何时清仓离场，而且也没有人能够做到这一点，否则就会有市场选时服务机构向你兜售生意了。

大多数人认为，入市的基本目的在于提高你在市场中的时机选择能力，从而增加系统的可靠性。估计有95%甚至更多想设计交易系统的人都只是想找到一个“好的”入市信号。事实上，一些投资者尽管有超过60%可靠性的短期交易系统，但是很多时候却一直赚不到钱，反而还会赔钱。

晨星公司股票研究部的负责人帕特·多尔西认为，“市场时机的选择是一个空前的神化，没有一种策略能够持续不断地告诉你，何时该入市，何时清仓离场，而且也没有人能够做到这一点，否则就会有市场选时服务机构向你兜售生意了。”

根据帕特·多尔西多年来追踪的数以千计的基金表明，没有任何一家基金在过去20年中能够持续不断地选准市场时机。虽然，一些基金也偶尔取得了很大的成功而声名大噪，但是“从来没有过基金利用一种计量模型频繁进出市场的超级成功记录”。帕特·多尔西的研究，有力地证明了市场选时不是一个持续可行的策略。

有很多基金经理试图把价值投资和波段操作结合起来，把基本面选股和技术面选股结合起来，还有的基金公司发行了所谓“趋势投资基金”，试图通过行业趋势、公司趋势、股价趋势“三合一”的分析，提高分析的准确性，帕特·多尔西这番论述或许值得他们反思。

择时能力就是考验每一位投资者把握时机的能力，最好是抄到市场或个股的底部，但面对变化莫测的市场，如何预防和规避风险、提高投资收益的关键就在于正确判断股市趋势，实现基金的择时买卖。但是，市场趋势的判断不是一般投资者能够胜任的。

证券投资有一个最基本的常识，即投资有两大要点——一是选股，二是择时。不管是哪种类型的投资者，都应当认识到时机选择的重要性。然而，纵观绝大多数的投资者，其大笔投入并未收到理想的效果，其失误之处都在于没有把时机选择放在一个重要的位置。在错误的时机、错误的市场上作出了错误的投资决策。

对基金业绩影响最大的是两点——选到好的股票以及把握好的投资时机。但投资时机的不确定性太高，很难捕捉。其实，择时也是价值投资的策略，不要单纯地作时机选择，应以估值为基础来择时投资。

No!

以大盘的涨跌来判断投资的好坏

当人们说“看，两个月内，我的股票就上涨了20%，说明我挑了一只好股。”或“太糟了，两个月内，我的股票跌了20%，说明我选择了一只垃圾股。”时，他们把现在的股价和公司前景完全混淆在一起了，除非他们是短期寻找20%回报的炒客，但短期炒作与投资却是两回事。

如果一定要选择一个投资的最大谬误，那就是当股市全面上涨时，你认为自己作了一笔很好的投资。人们经常为刚刚从市场上以很低的价格买入某只股票，而后来的股价上升到了自己的理想价位而感到满足，以此来证明他们是明智的投资者。当然，如果你在价位较高时很快地卖掉股票，你可以获得一些利润，但大多数的投资者并不会在这种上涨的行情卖掉自己的股票。他们确信自己投资的股票会上升到更高的价位，他们会一直持有这些股票，直到股价下跌时才意识到他们投资的股票并不是很好。如果有这样的一个选择，他们会持有一只股价从10块钱涨到12块钱的股票，而卖掉一只股价从10元钱跌到8元钱的股票，同时会告诉自己他们在留住胜者而淘汰败者。

在《林奇·彼得的成功投资》一书中就提到这样一个例子：1981年，当时Zapata这只石油股随着能源热而被大家一致看好，认为拥有它一定比拥有Ethyl好，Ethyl因为受到美国环保署对其生产石油的禁令影响，而被人们称作“跌倒的狗’。比Ethyl更好的Zapata股票股价从35美元跌到2美元，同时，Ethyl公司却在化学领域取得了很好的业绩，迅速扩展海外市场，在保险业中快速持续的发展使Ethyl股价从2美元涨到32美元。

一般来说大盘是整个股市的晴雨表，大盘不好，个股也好不到哪去。大盘（一般即沪指）是所有在沪上市的股票加权算出的，因此，每一只股票涨跌都会对大盘有着影响，只是流通盘越大的股票，对大盘的影响就越大（因为指数是按加权来算的），所以大家都说中石油、工商银行、中国银行、中国石化、联通、宝钢对大盘的影响很大，因为他们的盘子是排在前几名的，还有，这些大盘股的涨跌有联动效应，比如大盘股跌了，说明这个市场里大资金看空，散民也会出逃，而大盘股上涨，说明市场主力资金已经进场，散民也会进来……有一种说法叫作只赚指数不赚钱，就是指的盘中个股没怎么长，而市值比较大的指标股长了，整个大盘指数上涨，而个股却没有赚到钱！

用更通俗的例子来解释：一只只个股就是整个股票市场中的一道道菜，而让所有股票呈现在你面前的就像是个装菜的盘子，这个盛宴的综合体就是大盘。又好比全球气候变冷或变热局部地区也会随之变化的，但也会有个别例外，个股与大盘的关系也是这样。现在的问题是，当全球变暖，气候日益恶劣的情况，我们发现了一个世外桃源，有必要因为这个桃源在地球上，而放弃这个桃源吗？事实上股神巴菲特先生的选股从来不看什么大盘情况。相反总是把大盘当做一个很好的利用工具，在大盘低迷的时候，当他选择的明星股也跟随大盘调整到他认为低价的时候果断地进场，这个时候他绝对不会过多地考虑大盘环境的低迷。永远抢在市场的前边，这就是先知先觉。他主动买套的结果往往是买到一个事后看来是一个绝佳的机会。

因此，当股市全面上涨或下跌时，不要简单地认为自己作了一笔极好或极坏的投资，当你购买了一只股票后，其股价上下波动只能说明有人愿意付更多或更少的钱去购买同一种商品而已。

No!

爱上自己的股票

千万别爱上自己的股票，因为股票在低位是天天发财的印钞机，在高位则是吃人不吐骨头的老虎机。

贪婪是渴望到得意忘形和自我毁灭的程度，渴望一词在此则可以表示为：一个人希望改进物质享受的意愿。你应该很明白其中的道理，因为你也具有这种特质。世界上任何动物的本能都会要它去获取食物，筑一个巢或保护自我。

我们不同于其他动物之处在于我们的需求更为复杂。我们不必为自己的贪婪感到惭愧，这个特质是我们生存的利器。不过，一旦渴望变得杂乱无章甚至失去控制，并到达了一定程度时，它就会战胜你的意志，这就是贪婪。要远离它、阻止它，它是投资者的敌人。

然而，对股市的“恋”、对股票的“恋”、对行情涨跌的“恋”是许多投资者共有的一种特征，但“恋”过了头，就变成了“贪”。“贪婪”正是股市投资之大忌。

华尔街有句名言：无论做多做空都能赚钱，唯有贪心者例外。贪是苦之本，贪是祸之根，贪是衰之源。贪婪就会导致我们抱着获利或亏损的仓位过久。因为贪婪而停留过久的仓位比因为害怕亏损而离场的仓位让我们输掉更多的钱。在我们失控时，因为贪婪致死的人数要远远超过其他情况。

【事例】>>

别当不愿松手的猴子

在阿尔及尔地区的长拜尔有一种猴子，非常喜欢偷食农民的粮食。当地农民根据这些猴子的特性，发明了一种捕捉猴子的巧妙方法。农民们把一只葫芦型的细颈瓶子固定好，系在大树上，再在瓶子中放入猴子们最爱吃的花生，然后就静候佳音了。

到了晚上，猴子来到树下，见到瓶中的花生十分高兴，就把爪子伸进瓶子去抓花生。这瓶子的妙处就在于猴子的爪子刚刚能够伸进去，等它抓一把花生时，爪子却怎么也拉不出来了。贪婪的猴子绝不可能放下已到手的花生，就这样，它的爪子也就一直抽不出来，它就死死地守在瓶子旁边。直到第二天早晨，农民把它抓住的时候，它依然不会放开爪子，直到要把花生放进嘴里才罢休。

【解读】>>

假如你能战胜贪婪，这种自制的行为将使你比其他99%的追逐财富的人更能成为优秀的投资者。巴菲特曾说过："投资界偶而会爆发恐惧和贪婪这两种传染性极强的灾难，这些流行病的发生时间难以预料，而且由它们引起的市场错乱，无论是持续时间还是传染程度都难以预料。因此，我们永远预料不到灾难的降临或离去。我们的目标很简单：在别人贪婪的时候恐惧，在别人恐惧的时候贪婪。"

人在面对利益诱惑时是不理性的，很多时候他们不是败给自己的智商，而是败给自己的理智。当上涨行情运行完毕，转入到调整下跌阶段之后，绝大多数持有股票的投资者仍会继续留恋之前的上涨。因此，不管行情怎么下跌，不管行情是否已经确实转势，大多数投资者的操作行为仍是持股待涨；直到股票大幅下跌，与其"绝情"后，才可能会被动性地了断。

还有一些人对曾经（哪怕是好几年前）给予自己“赚过钱”的股票有一种天然的眷恋。对其行情的涨跌倾注过多的关注，耗费太多的精力，并时时把该股目前股价与之前“赚钱时”的股价作比较，甚至把价格比较的结果作为买卖依据。另外对分析师给予所谓的目标价往往“一见钟情”。如果目标价是20元，即使行情到了19.90元也“打死不抛”，因为还有0.10元的目标没实现。须知，目标是可以实现的，但也可以实现不了的，况且分析师们的目标价会随时修正的。

曾经有一位美国伐木工人独自在深山里砍伐树木时，一不小心，被一棵锯断的参天大树砸倒，并被牢牢地压在树下，动弹不得。这位伐木工人为了求生，忍住剧痛，用身边的电锯砍断被压在巨树下的右腿，然后爬出去求救。虽然，他失去了一条腿，但却保住了一条命。这位伐木工人在面临灾难时凭借的就是理智的决断能力。因此，投资者仅有聪明是不够的，还需要用理智驾御自己的聪明，在面临危机时要果断地松开抓着“花生”的手，别当不愿松手的猴子。

<<【总结】

为了控制贪婪和恐惧的情绪，系统化交易是解决问题的较好方法。合理地设立止损止赢会让交易简单一些，能够抗拒贪婪和恐惧控制你的那股力量，你就可以毫无心理负担地进行交易。

在股市操作特别是短线操作中有一个很重要的原则，往往被投资者所忽视，那就是止损与止赢的原则。大多数的投资者只关注止损，而忽视了止赢。有时止赢甚至比止损更加重要，如果你买进一只股票已经获利后，你没有及时止赢，一旦回调使浮动赢利减少或者变为浮亏的话，将使你在心理上产生极大的负面影响，非常容易搞坏自己的心态，从而影响操作。我们应该在买入股票时设置合理的止赢，不要盲目认为股价会一冲升天，记住一句话，没有只涨不跌的股市，适当的时候，应该进行止赢操作。

怎样设立止赢呢？止赢有两种形式，第一种是目标止赢，也就是说当买入的股票开始上涨后，如果设定一个比较合理的，有可能达到的价位，当股价到达这个价位就卖出了结。

另一种是移动止赢位，这是最具操作性的止赢方式，操作方法是：当买入的股票上涨后，不去猜想预期它到底会涨多少。而是在上涨过程中，随着股价的上扬，在股价的下方移动设定止赢界限。例如：在当前股价的下方设定5%的回调界限持有，一旦跌破这个界限而不能快速拉回去就止赢出局，反之就一路持有，止赢位也跟随股价一路向上移动。这样既可以避免因提前出局而股价还继续大幅拉升而错失更高的利润，又可以避免，因股价大幅回调造成已经赚取的利润缩水。也就是说，如果你顺应热点10元买入一只股票，涨到11元，你设立止赢10.4元，一般庄家短暂的洗盘不会把你洗出去，如果11元跌回10.4元，你立刻止赢，虽然挣的很少，但是减少了盲动。股价到12元后，你的止赢提升到11元，股价到了14元，止赢设置到12.8元等等，这样即使庄家洗盘和出货你都能从容获利出局。

投资的道理很简单，任何人都可以使用巴菲特的价值投资方法选股票，但是，世界上只有一个巴菲特，不是任何人在投资中都能克服自己的贪婪和恐惧，让自己变得有节制、理性而遵循投资的原则。投资是一个心智成熟的过程，贪婪和恐慌成为投资过程中最大的敌人，这个最大的敌人其实就是自己，而人战胜自己往往是很困难的。总之，千万别贪婪，别爱上自己的股票，因为股票在低位是天天发财的印钞机，在高位则是吃人不吐骨头的老虎机。

No!

营利目标越高越好

那些天真而贪婪的投资者一般都没有营利目标，如果有的话也是越高越好。在金融投资市场中，如果你没有目标，那么你就在为别人的目标而努力奋斗。

刚刚进入金融投资市场的人，常常会被自己算出来的数字感染的兴奋不已，激动异常。他们对炒股的未来收益有不切合实际的目标，希望自己一夜暴富，中短期内赚个翻番。不过，炒股暴富就跟买彩票中大奖一样，只能靠运气，“中大奖”的发生概率极低。尽管一些老股民知道这个道理，但还是忍不住期盼自己赚上 30-50%。结果却截然相反。我们要说的是，合理地设置自己的营利目标，千万别期望太高，期望太高可能影响炒股时的操作心态，最终反而影响你盈利；况且，期望越高，失望越大，最终就可能做出过激行为。

阿里·基夫有这样一段话：“如果我们的账户上只有三万块钱，但是我们去买铜，那很显然，我们找错了猎物。

大幅的涨跌肯定会压得我们透不过气来，因为我们是一只臭鼬在跟狮子搏斗。但是我们要是只作一两手，保持理性就容易多了。因为伤害不至于是致命的。那些认为自己无敌，一味的想通过挑战波幅巨大的品种赚点大钱，还美其名曰：风险与利益成正比的人，成功只是侥幸，失败理所当然。因为市场专门消灭那些硬骨头。所以，我们在入市之前必须要知道，以我们自身的能力和财力，应该吃肉还是吃草。不要老是在不属于我们的地盘中晃悠，如果这一步我们选错了，我们必将严重地超负荷承受压力，

在行情的波动中精神崩溃。想要保持理性简直比登天还难。所以不要去做那些超越我们能力范围以外的事情，

不要给自己制定过高的获利要求，不要自己给自己制造麻烦。因为野心勃勃会使你树立高不可攀的目标。对目标的追求要量力而行，不要去做那些自己力不从心的事，着眼于自己的努力，不要一心只想结果。”

营利预期定得过高的危害

营利预期定得过高总会让你得不偿失。首先，营利预期过高者，给自己的压力较重，老抱有过多的盈利幻想，患得患失，情绪波动大，一不留神就会走出“庸着”、“错着”；而且会把自己早先定下来的纪律，如平仓线坚决要割肉、盈利点坚决要减磅，扔到了九霄云外。

许多中小股民其实都是懂点股票知识的，知道 ST 股、老庄股风险大，但它们股性活。为了实现自己心目中较高的营利预期，买涨跌皆不大的绩优股、大盘股显然是不行的，只能搏短、搏傻。

这种办法从理论上讲也没有错，但不适合大多数中小股民，只适合少数短线高手。如果大家都抱着买彩票中大奖的心理买股票，结果自然是只有极少数人能“中奖”，多数人只可能亏损。这种亏损可比每期只买 10 元彩票来得大。

其次，它会影响你的投资策略抉择，导致错失良机或误入陷阱。大多数股民都是一样，做梦都想着暴富，同时又不喜欢风险、承受不了风险。总想着抓几只大牛股、骑上几只大黑马，对小钱小利不屑一顾。也许幸运女神偶尔会眷顾你，真的撞到过小牛股、小黑马；可是，垃圾股、熊股、死亡之股更会让你头疼，结果自然是亏大于盈。

假如，你的选择正确，剩下要做的就是保护好这些利润，不要让它变为损失。但这并不是在告诉大家如何紧紧张张地逃跑，而是在告诉你一旦行情超越我们所预计的运行速度、幅度运行的时候，我们必须提高警惕。因为这种反常的突至行情很可能是一个泡沫，我们需要在这个泡沫破碎之

前向下设定一个行情允许回归的界限。当行情的回归超过这个界限的时候，就及时出局，另做它图，而不是眼睁睁地看着利润化为亏损还无动于衷。

每个人投资期货、股票市场的人，唯一的目的就是挣钱，一切手段和方法都是依此为最高宗旨。不过，即使你的分析水平再高，也难免落入失败的结局。贪婪不会让你赚得更多，只会让你越赔越多。理性成熟的投资者，不贪大，不求多，合理地设定收益额。在金融投资市场中，你要记住这句话："如果你没有目标，那么你就在为别人的目标而努力奋斗。"

No!

过去的行情证明自己是对的，将来也会

一次成功的交易不仅会令你信心大增，还证明了你的投资眼光与能力。与此同时，它也会使你陷入“爱上自己想法”的陷阱中，对这些自以为是的想法，我们都有一定程度上的执著，只会去关注与这个想法相符合的信息，去做一些莫名其妙的努力以捍卫这些想法。而忽略了一些真正有价值的信息，这就是我们有时候不能赚钱的心理原因。

市场中常常可以听到这样的说法“你看，我说了会涨的吧！”或者，“你看，我之前告诉你了不能做空，现在果然涨了吧！”。类似这样的言辞就体现了“迫切地希望证明自己是对的”的心理。而与之相反的，如果市场没有按照预期的方向走，自我的判断被证明是错误的，我们往往会寄希望于将来，希望将来的行情能证明自己是正确的，而拒绝在当下承认错误。

爱上自己的想法就会掉入这样的陷阱之中，我们每个人的内心中都藏着很多自以为是的想法。甚至可以说，我们每一个比较稳定的想法都是自以为是的。德国心理学家埃克哈特·托利说过这样一段话：即使是一件微不足道的平常事件，像在与别人的争论中，迫切地希望打败对方，以证明自己是对的，都是由于“小我”对死亡的恐惧而引起的。如果你以你的观点自居，把你的观点等同于你的“我”，当你错的时候，你这种以思维为基础的自我感就会严重受到死亡的威胁。所以你的“小我”不能承认错误，错误就等于“小我”的死亡。埃克哈特·托利的这句话，道出了我们内心深处的秘密，我们都有一个自恋的“天使”，她蒙蔽了我们的眼睛，将

我们圈在"小我"的围墙内，令我们看不见别人的真实存在，也令我们看不到更大的力量。这就是自我实现的陷阱。

掉入自我实现的陷阱自然是有害的，典型的例子莫过于二战初期斯大林对德军的漠视。二战期间，纳粹德国突袭苏联前，有无数情报被透露给苏联，但斯大林抱定一个念头"希特勒不会愚蠢到攻击苏联"，所以对这些情报视而不见，并且在战争爆发前一天气急败坏地下令枪毙了一个反叛到苏联的德军士兵，甚至当德军的大规模闪电战开始后，斯大林仍认为这是不可能的，没有及时下达反击的命令，导致苏联红军在战争开始时付出了极为惨重的代价。

其实这样的错误在我们的交易中更是屡见不鲜。在我们根据自己的分析作出交易决策并付诸实施后，我们迫切地希望这笔交易能够带来利润，以证明自己的判断是对的。即使现实不如所愿，有无数的细节显示我们的判断出了错，我们也容易对此视而不见，反而去寻找能够支持我们判断的另一些信息，以这样的方式来"捍卫"原有的想法。

远离自我实现的陷阱

对于每一个投资者来说，期货股票交易都是一个不断超越自我、战胜心魔的过程，而成功交易者的必不可缺的条件是在长期的投资中始终保持良好的心态。在交易过程中，我们时时刻刻都要接受市场的检验，我们面对的最可怕的敌人就是自己，我们必须清楚地认识自我，且对自己具有充分的信心。

缺乏自信往往丧失了"放胆去赢"的机会，而过度自信则往往会导致"败走麦城"。期货市场，尤其是处在顶与底的考验之时的期货市场通常都会处在动荡不安的状态之中，这时候，投资者如果没有自信就很难做到"众人皆醉我独醒"，从而错失投资机会。同样，过度自信而导致的自大与固执也有可能致使投资者在市场已经出现明显的危险信号或者投资机会时视而不见，宁愿相信自己的判断与感觉，对别人的建议嗤之以鼻，最终酿成大错或者丧失机会。所以，投资者应当时常反省自查：自己的自信是不是被控制在一个合理的范围内。因为唯有合理的自信，才能帮助你最终成功地交易。

首先要接受我们可能会犯“自恋”的错误这个事实。认识到当我们执着于“小我”的时候，“小我”就会成为一堵无形的墙，阻碍我们与其他人、其他存在建立真实的联系，阻碍我们看到外部的力量。接受“自我实现”陷阱的存在，觉察到这些想法上的自以为是，才能放下“小我”，看到事物本来的面目。如果心常常处于妄动的状态，一个念头接着一个念头，并且还对自己的念头特别执著，就会看不到事情的本相，犯下低级的错误。这些错误常常使得我们的行动犹如“盲人骑瞎马，夜半临深池。”

掉入自我实现的陷阱是有害的，自信应当从自我控制开始，别指望失控的你能作成一笔成功的交易。

No!

只有冒大险才能赚大钱

成功企业家厌恶风险，成功投资者也是一样。规避风险是积累财富的基础。与学者们的论调截然相反的是，如果你去冒大险，你更有可能以大损失而不是大赢利收场。

像企业家一样，成功投资者们知道赔钱比赚钱容易，他们不相信只有冒大险才能赚大钱，事实上，他们更重视的是不赔钱而不是赚钱。这就是他们更重视避免损失而不是追逐利润的原因。成功的投资者相信，在投资上最优先的事情永远是保住资本，这是投资策略的基石。他们都是风险的厌恶者，并非有很强的风险承受能力，也并不乐于冒险。乔治·索罗斯认为在金融市场上生存有时候意味着及时撤退；沃伦·巴菲特也说："我绝不会丢掉我所熟悉的投资策略，尽管这种方法现在很难在股市上赚到钱，但我不会去采用自己不了解的投资方法。这些方法未经理论验证过，有可能产生大亏损的风险。"保本第一！价值投资就是保守投资！

失败投资者唯一的投资目标则是"赚大钱"，认为只有冒大险才能赚大钱，结果常常连本钱都保不住。投资毫无风险是不可能的，但如果什么都不做，你又如何赚到大钱呢？成功投资者与失败投资者之间的区别就在于，对风险的认知程度。成功投资者知道，赚大钱的唯一途径就是少冒险，这意味着我们要学习控制风险。换一个方式，我们可以在通往投资的流程上控制风险，寻找低风险的机会，而获得利润。

撑死的都是胆大的

富贵险中求是许多投资者信奉的真理。他们坚信，如果想大富大贵，不冒大风险是不可能的，只有果敢大胆的人才会鹤立鸡群。于是在变幻莫测的投资世界里，许多想大富大贵的人秉持着“撑死胆大的，饿死胆小的”原则，不顾风高浪急，前仆后继地争当“饱死鬼”。可现实的情况却是，有些人还没来得及吃饱，甚至还没有吃到就已经“死”掉了。别忘了“撑死胆大的，饿死胆小的”最后的结局都是一样的，有勇无谋必定会给你带来厄运。因此，冒大险才能赚大钱，这是一个足以致命的投资观念。

大多数的投资者并没有接受过“如何成为投资者”的专门训练。投资前的自我控制是最重要的，如果连自己都控制不了，更别奢望他们能够控制风险了。那些成功的投资人并不喜欢冒险，绝非是将“冒险”视为乐趣，也并不因为冒险的行动而感到刺激、兴奋，只是他们从事的工作总要与风险同行，使他们能够获得高回报的关键在于对风险的管理与控制，还有对冒险冲动的克制。45 岁的史玉柱承认自己有一种浪漫主义情怀，那些在过去岁月里植入他内心深处的“浪漫”种子，时不时地要冒出头来。他总是偷偷地将这些萌芽状态中的情绪消灭掉。不过有时候，他还是难以克制住其蓬勃生长的势头，于是，忍不住全盘兜出自己的计划。不过，大多数时候，他的团队会很不客气地否定这些计划。史玉柱自己盘算了一下，起码有三分之二的计划，那些让他心潮澎湃、扬扬自得的计划，都被团队毫不留情地扼杀在萌芽状态中了。他一点也不恼火，相反，还有点得意，一场著名的失败之后，史玉柱再也不会固执地选择一意孤行。他深谙他人建议的价值，他懂得如何去控制自己冒险的冲动。

不管你做什么事情，是否养成了良好的习惯，都会决定你的成败。投资理财也是同样道理，在你养成了良好的投资习惯后，你会发现，在市场中稳定盈利原来是这么容易。每一位投资者在准备投资之前必须要做一件事，那就是先养成努力回避风险的习惯，只有这样才会让你在理财市场中

“不赔钱”。在这里，我们再次引用巴菲特的话：“第一，尽量避免风险，保住本金；第二，尽量避免风险，保住本金；第三，坚决牢记第一、第二条。”

有风险是因为你不知道自己在做什么

风险是什么？

华佗医术高明，被人称为“神医”，可是华佗却自诩为“下医”。他说，其兄长为“上医”，因为他“医未病之病”，影响力只局限在本村，知名度不高，但医术最高明；二兄为“中医”，能“医欲病之病”，影响力达至全镇；而华佗自己只能“医已病之病”，虽能救死扶伤，效果明显而影响广大，其实只为“下医”。华佗虽谦逊，却道出了风险与危机的含义。我们可以看出，风险就是“未病之病”，是类似于一种处于非病但又非健康的状态，具有向危险和机会转化的两面性。在投资世界里，能医“未病之病”者才是一个真正成功的投资者。

1992 年，当索罗斯用 100 亿美元的杠杆做空英镑时，他是在冒险吗？对我们来说，他是在冒险。我们容易根据自己的尺度来判断他的风险水平，或者认为他的风险是绝对的。但索罗斯知道他在做什么。他相信风险水平是完全可管理的，他已经算出，即便亏损，损失也不会超过 4%，“因为其中的风险真的非常小。”因此，我们可以得出这样的结论，一项投资之所以有风险是因为你不知道自己在做什么。而当你知道自己在做什么的时候，所谓的风险就非常之小了。正如我们普通人观看体操比赛的时候，总为那些运动员们捏一把汗，生怕他们从器械上摔下来造成身体上的伤害，实际上，对于专业体操运动员来说，发生危险的概率是非常之小的。当然，我们普通人肯定不可能像索罗斯一样，对投资风险有如此精当的估计。一份风险一份回报。利润和损失是相关的，就像一枚硬币的两面：要想得到赚 1000 元的机会，你就必须承受失去 1000 元的风险。但只要风险在我们的控制范围之内，就完全可以放手一搏。

风险是可以控制的，也是可以回避的。首先你要学习如何做一个聪明的投资人，而不是努力成为一个冲动的投资人。聪明的投资人首先是一个冷静、理性的人，他们不盲目、不冲动，始终关注自己熟悉的领域，对那些自己不擅长的东西从不沾手。比如，在艺术品投资领域，相比股票、债券、外汇、黄金、房地产，艺术品收藏的成功与否，重要的不是取决于收藏者的金钱、时间和空间，而是取决于收藏者的智慧和眼光。对于艺术品投资，鉴别能力的不同直接影响着风险的大小，如鉴别能力越精，“吃药”上当的风险越小，反之，鉴别能力越差，“吃药”上当的风险就越大。聪明的投资人通常根据自己的智力选择收藏的目标和范围，从而也避免了遭受不必要的经济损失。

如何做到这一点？再想想巴菲特的观点——只投资自己看得明白的公司。事实也是如此，只有你知道自己在干什么，你才能更好地控制风险。体操运动中各种难度的惊险动作对专业的运动员来说，风险是极小的，而对我们普通人则是巨大的。没有谁会在自己不熟悉的领域中有所建树，即便乔丹对棒球的热爱不逊于篮球，就算他练球练到双手滴血，大家还是认为他并不是个棒球明星，而是一个篮球巨星。

【事例】>>

要学会评估风险

一个农夫住在森林的边缘，他有一所宏伟的住宅，院子很大，四周还有一道高高的围墙。有一天，农夫家的院子里突然蹿进了一头狮子，农夫见了，十分高兴，赶快关上院子的大门，因为他想活捉狮子。

狮子在围墙里跑来跑去，怎么也找不到出口，气得暴跳如雷，向羊圈吼叫着冲去。结果，一群羊全被咬死。接着，狮子仿佛还不解气似的，又跑到牛栏，扑向一头奶牛……

农夫慌忙躲进屋子里，目睹院子里所发生的一切，吓得魂飞魄散，慌忙叫人去拉开院子的大门放狮子出去。狮子终于跑走了，但院子里却惨不忍睹。

农夫抱着头，独自蹲在院子里，长吁短叹感慨不已。他轻轻地自言自语道："唉，我也真是的，怎么会心血来潮，妄想将一只平时远远看到就会吓得转身逃命的野兽关起来呢！"

<<【解读】

在院子里抓住一头狮子是很诱人的想法，因为这样的机会并不多，然而问题是，狮子毕竟不是一只小狗小猫，它带来莫大诱惑的同时，也带来了很大的危险性。在投资中，很多人都会碰到类似于"送上门的狮子"这样的机遇，作为一个投资者，你必须明确的是，如果没有胜算，就千万不要贪婪，灭顶之灾都是源于草率的决定。

在投资中，机会与风险都是并存的，如何准确地评估风险就成了关键。但我们必须面对这样一个事实，并不是所有人都能精确地评估风险，即便像索罗斯、巴菲特、彼得·林奇这样的大师也很难做到这一点。评估风险是一件极为复杂繁琐，并令人头疼的工作。真正评估的风险是投资人从一项投资在其预计持有的期间内所收到的税后收入总和，是否能够让他保有原来投资时拥有的购买力，再加上合理的利率，虽然这样的评估无法达到像工程般的精确，但它至少可以达到足以作出有效判断的程度。

如何最大程度规避风险、达到预期收益似乎是投资者更应该考虑的问题。面对一项投资，你最先应该想到的是不能赔钱，而不是你能赚到多少钱。无论什么时候，你都该记住贪婪是没有好下场的。

有一个农夫，祖祖辈辈以耕地为生，过着面朝黄土背朝天的日子。农夫的朴实和勤劳感动了天使。天使想改变农夫的命运，于是，在脚下画了一条线，对农夫说："你从这里出发，在太阳落山前回到这里，所圈定的土地就全部归你所有。但是，如果在太阳落山前，你没有回到起点，你将一无所有。"

农夫揣着干粮向着广袤的大地走去，起点被农夫甩在身后，不一会儿就消失在人们的视野。日过头顶，农夫已经感到饥饿，但他坚定地对自己说：“不能停下来，不然，土地就少了。”在太阳焦灼的照射下，农夫马不停蹄。土地在脚下延伸，农夫一想到土地的诱惑，禁不住奔跑了起来。“该回头了，否则就不能在太阳落山前赶回起点啦！”这样的念头几次催促着农夫，但每一次都被农夫的渴望挡了回去。天色渐晚，西边暮霭沉沉。狂热的农夫这才想到天使的规则，开始折返。起点似乎遥遥在望，筋疲力尽的农夫加快了奔跑的速度，可是任凭农夫如何努力，也赶不上太阳下落的速度。可怜的农夫只能眼巴巴地望着没入山峰的太阳。最后，怀揣着未动的干粮，心衰力竭，倒地而亡。

孙子说：“知彼知己，百战不殆。”作投资也一样，证券、保险、基金你适合哪个？投资投机、长线短线、稳健激进，你又适合哪个？了解自己是规避风险最重要的一步。《笑林广记》里有个故事：一个解差押送一个流放的和尚，解差一路上念叨着带的东西，“行李、木枷、棍子、和尚、我”，就这么念叨了一路。和尚乐了，原来这位是个呆子。夜里住店，和尚偷偷开了木枷跑了，临走还把解差的头剃光了。第二天早上，解差醒了，一清点，行李、木枷、棍子都在，一照镜子，和尚也在，可是“我呢，我到哪儿去了？”解差慌了，坏了！“我”不见了！

这个故事很有意思，要想做成一点事儿，就要知道“我是谁，我在哪儿”。可惜的是，人们往往不知道“我”是怎么回事，“我”要什么？“我”在干什么？更不知道哪些投资适合自己，盲目行事，涉足于自己不熟悉的领域，从而增加了风险，并给自己带来了极大的危险。

所有的投资都要谨慎，在资金运转良好或有剩余资金的情况下，再去考虑获取额外报酬的对外投资。再有，如果投资是生产经营的必须环节或是进行风险性投资，必须拟定严谨的投资计划，进行科学的投资回收评估和论证，选择最佳的资金投入时间，以避免造成资金短缺或运转不灵。投资者有必要合理进行投资组合。投资组合包括不同投资品种的组合、不同行业或部门的投资项目的组合、长短期限不同的投资组合等，以追求一种收益性、风险性、稳健性的最佳组合。当然你要熟悉这些投资品种或领域，否则这种组合会给你带来很大的风险。最后，要加强对证券投资的系统风险和非系统风险的研究，以减轻和抵消对证券投资收益的影响。

【总结】

实际上，绝大多数的投资者在“少冒风险”上已经做得非常不错了。具体表现在：嗅到一丝风险便马上撤出；绝不沾染带风险的游戏；理财顾问随时可能因为3%的损失被骂得无颜存于世。当然，这也在每天清晨购买国债的长队中可见一斑。正是因为“避免赔钱”深入人心，所以当投资者被问及“如果将保有资本放在第一位会怎么想时”，大多数人都表现了一种消极的态度，也就是“我最好什么也不做，因为我有可能赔钱”。我们不赞成投资者努力地把自己变成“饱死鬼”，更不赞成大家都消极地成为“饿死鬼”，毕竟什么都不做，是赚不到钱的。

如何让投资者游刃有余地行走在风险与收益之间呢？格雷厄姆给出的答案不妨借鉴一下：“我大胆地将成功投资的秘诀精炼成四个字的座右铭：安全边际。”安全边际在理念上与传统的“富贵险中求”的投资观念是截然相反的。它告诉我们：如果你想要发达，那么你一定不要冒风险。在每次作投资决策或进行投资活动时，我们一定是希望我们的风险降到最小，同时希望在每次投资活动中都能取得收益的最大化。

那么，怎样做才是安全的呢？

第一，尽管市场充满了贪欲和疯狂的赌性，但是，我们必须有一个前提，总体上市场的参与者是厌恶风险的，参与股市的人不论投机、投资都是非常理性的。但是，每个人的理性不等于整个市场的理性。而这种由单个的理性个体导致的整体非理性是很奇怪的。例如，当股市下跌时，那些理性的个体认为，股市下跌的趋势没有改变，因此理性的行为是不买股票，有股票的顺势止损做空，这就造成了市场非理性的下跌。但是，那些拒绝再“割肉”的人并且逢低敢于买进的人不是也很理性吗？造成这个区别的肯定不是客观的形势，而应该是各自的“理”不同，因此“念”也就不同。

因此，安全的首要认知就是风险的释放。只有在高估值的股市风险释放之后才能是安全的。

第二，如果投资不是买指数基金，而是投资于企业，安全的要求必须是这个企业是安全的，适合目标的。如果投资于高风险的企业，就是股市指数涨得再多，也是不安全的。

第三，安全的投资要有一套比较科学合理的操作规则和纪律。例如买的节奏，持股和现金的比例。散户比较难做好这一点，因为钱少，急于暴富。

投资与赌博都有风险，它们的区别在于投资中的风险是可以控制的，而赌博则不能。任何投资都是有风险的，但投资本身没有风险，只有那些失控的投资才有风险。时刻记住自己的身份，你是一名投资人，不是赌徒，不要以为只要冒大险就能赚大钱，有时候会让你血本无归。

No!

企业财务报表用处不大

提到企业财务报表，许多投资者会认为这是专业人士才能看懂的“天书”。然而正是这本“天书”可以清晰地反映上市公司的未来收益能力；对于基金经理来说，这是发现股票投资价值的最有利的数据。可笑的是，这些报表最后都被投资者用来铺垫饭桌或是包裹杂物，然而正是这些让投资者忽略的专业数据，让一些投资者不小心踩中了上市公司的“年报地雷”！

投资者需不需要去学习复杂的财务知识来读懂年报，投资大师巴菲特已经给出了答案，他认为，每个投资者都该学习分析企业的技巧，阅读财务报告的技巧，识别财务骗术与企业骗术的技巧，增强各个行业运营知识的学习。具备财务知识是一名投资者对企业进行财务分析和自由现金流预测的基础。巴菲特称自己是一个资产的配置者，或者说是一个现金的配置者。巴菲特下面有60个公司的CEO，即他控股和全部拥有的公司就有60多个。他怎样管理这些CEO呢？他主要管三件事情：一是所有CEO的薪酬变化必须要由他批准；二是每个月要给他公司财务报表；三是把下面公司剩余的现金都交给他来管理和配置。

投资包含个人因素，投资团队不一定能代替一个人。因为投资和做实业不一样，实业需要团队，团队需要各种专业人才，团队是需要配合的，但是做投资不一样。巴菲特对所有公司的调研主要是阅读年报，然后和他的竞争对手去谈，和客户去谈，而且他是亲历亲为的。他几十年一直这样，也是他一直立于不败之地的原因。

No!

补仓可以摊平成本

如果有人向你说，补仓可以摊平成本，你可以马上离开。在牛市中，也许你能不断尝到甜头，反之，你很有可能摊不平成本，反而把自己摊平了。只要你不离开这个市场，不管你是有名的专家，还是有钱的“大户”，有时候试图用补仓来摊平亏损并不可取。这仅是一种试图避免承认错误或期待解套的借口，是金融交易的第一戒律。

如果你想提早结束自己的交易生涯，向下摊平可能是最有效的办法。某些最严重的亏损，就是我们无法说服自己已经犯错，不断期待始终没有出现的行情反转所造成的。我们没有认赔，反而随着价格下跌而不断买进。这项行为的合理化借口是：“这只股票（期货、债券或任何交易对象）将上涨（下跌）。我现在虽然损失，但如果追加，是可以降低平均成本的，最后可以大赚一笔。”

摊平实际上就是分批进场，降低持股成本。但要记住，摊平必须建立在一个很重要的基础之上——就是价值。毫无价值的股票，无论你怎样去摊平，后果只有一个：就是越摊越平，直至“躺平”。而一些有价值的股票，往往会随着市场的波动出现价格低于实际价值的情况，这个时候你该大量买进，不断摊平成本。如果你想要等到好价格，需要极大的耐心，当然，等待其价值回归这一阶段也是相当漫长的。因此，摊平成本仅仅限于建立在“价值”与好公司的基础之上，否则将越摊越赔。

其次，不可频繁补仓来摊平成本，摊平的差价越小，你的损失就越大。猜错底部而买入会让你伤筋动骨，然而很多人都这样认为：已经跌了75%了，不能再跌了，于是继续加码买入来摊平，后果总是得不偿失。在

2006年的上半年，有多少只股票跌到只剩高点的5%？如果你在它下跌75%的时候杀进，依然会被套进20%。另外，如果摊平的差价很小，意义不大。比如你90元买进一只股票，不幸下跌到85元，假如进行补仓来摊平，其成本是87.5元。同样，如果你在70元等量再买进，其成本只有80元。如果差价不大，很容易变成先买后买一起赔。

有些人认为，向下摊平确实可以解套。比如有一些股民以10万元本金投资一只股票，先以1万元试探，如果这只股票下跌了10%，则补1万，跌到一定幅度再补4万，如果还跌把最后的4万也补进去。即股票买入成本为20元，被套，当跌到10元，等量再买入，则平均成本被摊平到(20+10)/2≈15元。如果继续下跌到5元，再等量买入，则成本被摊平到(20+10+5)/3≈11.7元。当股价反弹到11.7元时，就可以解套，到了15元的时候还有盈余。然而这种看似合理的操作方法真的就合理吗？

首先你忽略了一个最重要的成本，那就是机会成本。当你安心地等待那个可以让自己解套的价格时，有没有想过，深沪两市中还有其他1300多只股票，有的已经处于上升大势中，而你的资金却被套在垃圾股上，眼睁睁地看着其他股票上涨自己却无资金跟进，这其中的机会成本大不大？有的股票在底部运行数年，你是否有足够的耐心等下去？像鸵鸟一样把头拱进沙子留着屁股在外面的做法，并不是明智之举。也许你的等待给你带来了回报，也赚了钱，但这种方法也不足取。并不是赚了钱的方法都是正确的，错误的操作方法可能让你一两次赚钱，但幸运之神绝对不会总光顾你。炒股不是赌博，否则股市也太简单了，单靠运气不会长久的。

如果股价是20元，买入后亏损，应该及时止损出局。经济学上有沉没成本之说，是指已经付出且不可收回的成本。举例来说，如果你预订了一张电影票，已经付了票款且假设不能退票，此时你付的钱已经不能收回，就算你不看电影钱也收不回来，电影票的价钱算做你的沉没成本。

我们在购买股票的那一刻，便形成了一笔独立的交易，这笔交易的盈亏情况由之后股票的走势决定。如果一笔交易形成了亏损，没有任何的方法来挽回，包括使用摊平成本法。因为我们的每一笔股市交易都是各自独立的交易，前一笔交易对于后一笔交易来说都是独立的，已经形成了沉没成本。一旦你于 20 元买入后，市场下跌到 15 元你就是 100%的亏损了；如果你在 15 元等量买入，则第二笔交易的成本是 15 元，它和你在 20 元购入的那笔交易并没有任何联系。如果说有联系，那仅仅是你在两次交易中购入名称相同的一只股票而已，它们有各自的盈亏轨迹，不会相互交叉。第二笔交易根本不会对第一笔交易有任何补救作用。

总之，试图通过补仓来摊平成本的做法，是非常不可取的交易行为。如果错误行为没有得到应有的“惩罚”，结果反而是一种伤害，因为交易者认为将来还可以故伎重施，可下一次你是否还会那么幸运呢？如果你“积习难改”，“摊平法”将成为使你永远赔钱的噩梦。

No!

房产是最牢靠的投资

房产作为不动产，具有可租可售可抵押，有效抵御通货膨胀的优势，因而一贯受到投资者的青睐。“存钱进银行，不如去买房”曾经在一定范围内适用，但买房子并非毫无风险，有时房产的收益也未必如你想象中那样丰厚。理财专家指出，投资房产不要光看到诱人的账面金额，更要充分考虑房产变现能力差、家庭抗风险能力低的隐患，谨慎而为。

不断攀升的房价强烈刺激着人们投资房产的欲望，投资买房已成为大多数高收入阶层的投资理财首选。大多数人认为，房地产属于实业的范畴，通货膨胀对实业的影响较小，所以一旦通货膨胀到来，房地产的价值可以随着物价上涨而“水涨船高”，有时还会超出通货膨胀率几个百分点，而且房地产具有耐久性，所以房地产是很好的投资项目，是获利大、风险小的投资工具，它对抵抗通货膨胀、增加个人收益具有极大的作用和功效。在当前股市火暴的情况下，不少市民也选择了房产投资。很多在三四年前买了房的人会很开心地发现，如今，他的房子每平方米的价格至少有了40%的涨幅，甚至超过100%。而且几乎没听说有人在近5年的购房过程中亏损过。房地产似乎成了一个稳赚不赔的买卖，而且利润丰厚。

事实果真如此吗？买房子没风险？我们不妨一起回忆历史上的几个场景：1926年的美国、1991年的日本、1997年的东南亚，人们难以想象美国1923—1926年房地产投机狂潮会引发华尔街股市崩盘，并最终导致了以美国为首的20世纪30年代的全球经济大危机；而日本经济到今天都没有完全走出萧条的阴影；香港楼市从1996年的顶峰到1997年亚洲金融危机时

房价年平均增长超过20%。中环、尖沙咀等中心区域每平方米房价高达十几万港元，一些黄金地段的写字楼甚至到了每平方米近20万港元的天价。受房价飞涨的刺激，香港的房地产投机迅速盛行起来，出现了一大批近乎疯狂的“炒楼族”。当时的香港，人们盲目地投资房地产。为了抓住机遇，许多人往往仅凭地产经纪人电话中的描述，就草草决定购买豪宅。一些经纪人甚至会对顾客说出这样的话：“什么？你要考虑一两天？当然不行！有很多人在等，你不买的话，过3分钟就没了！”1996年，香港竟出现买房前必须先花150万港元买一个号的怪事。

就在香港的房地产泡沫达到顶峰时，东南亚金融危机降临了。1998年到2004年，香港楼价大幅下跌，如著名的中产阶级居住社区“太古城”，楼价就从最高时的每平方英尺1.3万港元下跌到每平方英尺四五千港元。据专家计算，从1997年到2002年的5年时间里，香港房地产和股市总市值共损失约8万亿港元，比同期香港的生产总值还多。而对于普通香港市民而言，房地产泡沫的破灭更是不堪回首。

【解读】>>

房产与股票、债券、外汇、基金、期权、期货、保险、黄金、珠宝、艺术品一样，仅仅是众多投资工具中的一种。只要是投资，必然存在一定的风险。房地产投资较之其他行业，存在的风险往往更大，因为房地产业本身就是高投入、高收益的特殊行业，通常获利机会越大，承受的风险也越多。绝对不可轻视房产泡沫，它会让你在瞬间一贫如洗。

房地产是一种比较特殊的商品，它不能移动、不能运输，属于不动产。因此，投资于房地产项目中的资金流动性差，变现能力也较差，不像其他商品那样，可以轻松脱手，容易收回资金。房地产企业所建造的房屋或建筑物及其辅助设施都是固定在土地上的，其买卖只有所有权的转移，不可能产生物品位置的移动。另外，房地产企业从获得土地使用权到开发建设房屋，最后向客户出售或出租，这一过程需要很长的时间，有的甚至需要几年。投资者如果急需用钱，则不能像其他商品的投资一样，能迅速地将商品转手变现。由于房地产具有区域固定性的特征，所以，房地产投资者应该注意流动性及变现性差所带来的风险。

由于房地产建设周期较长，占用资金又较多，因此，投资房地产还需要承担经济周期性变动所带来的购买力下降的风险。当整个社会经济出现繁荣景象时，土地和房地产将保值并有一定幅度的增值，这是因为需求的增长；当整个社会经济出现萧条或通货膨胀时，房地产本身也不会因此而大幅贬值，投资于房地产的资金还仍然能够起到保值的作用。但同时，由于社会整体受到通货膨胀的冲击和影响，同样数量的货币能够购买的商品数量，可能已远不如通货膨胀之前，无形之中，使得人们的购买力水平明显下降，这一下降就会直接影响到人们对房地产的消费水平。这样，虽然房地产本身能保值，但由于人们已降低了对它的消费需求，也会导致房地产投资者因闲置和无人问津等因素遭受一定的损失。

任何国家的房地产都会受到社会经济发展趋势和国家相关政策的影响，如果经济繁荣，政策鼓励支持，则房地产价格看涨，相反则会看跌。我国也不例外，因此，对投资者来说，这些因素是应该充分考虑的，若投资者不注意经济形势和宏观政策形势的变化，在涨价时或在政策紧缩时买房，很快就可能遭受跌价甚至停滞带来的巨额损失。对于社会风险给房地产投资带来的危机，投资者必须高度重视。

房地产投资者还要承担自然灾害等人力不可抗拒因素所带来的风险，如地震、洪涝、飓风等自然现象都会使投资者遭受损失。这种灾害虽不常发生，然而一旦发生，所带来的危害是巨大的。

莫以置房置地为“荣”

对于一个非专业的投资者来说，如果让他们在房产、股票、基金、债券、外汇、期权、期货、保险中选择投资的话，绝大多数的投资者愿意尝试房产。究其根本，房子看得见摸得着，就算贬值也有实物，无怨无悔，但股票、基金等虽然不用看护照料，但总觉得难以把握。

房子是什么？房子是做什么用的？房子可以以什么样的方式获得收益？房子近5年的价格波动是什么样的？身边有谁买房亏本了？如果遇到最坏的情况，房子难以脱手卖掉，你会怎么处理？房子是必需品吗？

可能大部分投资者会觉得答案非常明显：房子谁都有，可以用来租或卖，一年比一年贵，就没见过谁买房亏了的。大不了真亏了我就自己住。看看，我们是多么了解房子的一切。

然而房产不是股票。直到出售时你才能知道其价格。通过互联网只需要几分钟时间，你就能了解你持有的每只股票或股票型基金的价格。但卖房子不同，只有在买家出价后，你才会知道你的房产价值几何。这给人们留下了丰富的梦想空间。你可以愉快地想象你的房产是一项上佳的稳定投资，因为与股票不同，它的价格不会变来变去。你也可以愉快地想象你的房屋价值大大地提升了。但如果你在当前动荡的房产市场上希望出售房屋，这种优越感可能成为巨大的障碍。如果你坚持高价出售，可能难以找到买家。实际上，如果你已经搬走，而你的房屋空置在那里，你的固执会让你失去大把钞票。

拥有房屋费用率十分高。你可以把房产看做费用率很高的股票型基金。每年，你都要付出一大笔钱，包括维修费、物业费和业主保险等等，大概相当于你房产价值的3%—3.5%。此外，你还要交水电费，可能还要每月偿还贷款。如果你能充分利用好你的房屋，这些成本或许不算什么。但如果你有一处空置房屋要出手，这意味着在没有买家光顾的情况下你每月都要烧钱。

房屋出售时要支付高昂的佣金。不但持有房产的成本不低，购买时也要付出相当多的费用，而出售的费用则更惊人。购买房产要支付房屋检查费、律师费、所有权保险费、搬迁费和抵押贷款申请费。出售也要产生搬迁费和律师费。但大头却是房地产佣金，一般要占到你房产售价的5%或6%。买卖股票的情况是，如果你选择的是低价经纪商，那么交易成本相当低。实际上，如果你喜欢无佣金共同基金，直接同此类基金公司进行交易，那么你就能免掉所有的交易成本。

出租房屋“红利”诱人，但并不是现金方式。如果你现在购买了一批股票，你大概能获得2%的股息收益。显然，你更多地会寄希望于股价大涨给你带来更高的收益。与此同时，对房产而言，你不要对房屋价格上涨抱太大希望。即使你的房产有可观的上涨额度，其中相当一部分也要被上面提到的3%—3.5%的费用率所抵消。

不过，对于房产而言，收益的大头应该来自于“红利”，即你获得的租金收入。当然，我们大部分人都没有房客，而是自己住在房子里，相当于把房屋租给了自己。好处是，这种估算的租金很有价值。如果你把你的房产出租，你每年大概能获得相当于你房产价值7%的租金，从这里可以看出你住在自己的房子里能实现多少价值。一个额外的好处是：租给自己从税收角度而言是划算的，因为你不必为这笔虚拟的租金收入纳税。

那么坏处是什么呢？你可能从自己的房屋获得了真正的价值，但却拿不到现金红利。由此可见，你可能应该拥有一套刚好适合自己和家人居住而并不太大的住房。如果你购买了比你真正的需要的大很多的房屋会怎样？这就相当于你租下了一座大厦，但只使用了其中的两个房间。再有就是坐收租金的确是个好的投资回报，但你必须考虑一点——地段。千万别轻信售楼小姐的话，她只管卖房，从来不管房子是否租得出去。

此外，人们还要注意房产的变现能力差，遇到紧急需要出售的情况时，其中具有一定的风险。中低价格房屋和一些好地段的二手房目前变现能力尚佳，但是一些高价位商品房很容易就被套。很显然，投资房产不仅进出不便利，而且在房产价格调整中还有冲击成本。除此之外，时间成本和交易成本（各种税费）都显著偏高。

无论是从短期的相对估值来看，还是从风险收益特征和流动性特征来看，投资股票、基金都优于投资房产。这也难怪许多欧美人士终生都不以拥有住房为追求，而绝大多数的中国人发财致富往往以置房置地为荣。

【总结】>>

投资者买房为升值，这种理财思路是对的。仅就住房而言，它的基本属性是居住，无论是自住还是他住，它都在释放着它应有的价值，一旦无人使用它，它的价值便无法释放，投资者就得不到回报。持有房子是有成本的，这是投资买房不同于投资其他理财产品的一个特性。房子的持有成本可分为资本性支出和物业性支出两大类。资本性支出主要包括在持有期间为贷款而付出的利息和首付款的时间成本（一般按同期银行存款利率计算）；而物业性支出的种类比较多，主要有物业管理费、装修费折旧，如果投资的是异地房产，还有异地的管理性支出。

投资房产不同于买卖股票，手里有几千块的就能买，然后就坐等股价往上涨。投资房产少则几十万元，多则上百万元乃至更多，每年的维护费就可想而知了。倘若投资购买的房子空几年，那持有的代价就更大了。

一般来讲，投资房产主要通过两方面获益，一是通过房产的转手买卖获得短期增值收益；另一种是以出租等方式获取房产投资的长期增值收益。如今有不少房产投资者以为，自己投资买的房子已经升值了，出不出租无所谓，出租的收益是小钱，房产的增值才是大钱。其实，这不是真正的房产投资者所为，房产投资不是投资股票，房产的增值仅是房产投资收益的一部分。房产的投资收益有两块，一块是增值，一块是租金。投资者无论是在买房前还是在买房后，都要把两只眼睛睁得大大的，用一只眼睛盯住房价的涨跌，用另一只眼睛盯住租金的涨跌，要学会两头看、两手抓，两块收益都要拿。

此外，房地产市场随时间空间变化而“过时”的房型和地段都会使房产贬值，房产市场的供需情况也会影响租金收入。总体上看，房地产商手里的空置房越多，“以房养房”风险就越大。当房地产转为买方市场时，开发商将大量抛售和压价出租，普通投资者将承担房价和租金双下降的风险，而还贷还要继续。因此那些准备购买多套住宅的投资者，要慎之又慎，避免因一时冲动而遭受损失。

“以房养房”的风险主要在于：银行贷款利率调整，还贷额上升；房子老化或房产空置率提高、租金下降；家庭其他收入下降引发的还贷风险。作为不动产，毕竟房产流动性不高，现在投资产品日见丰富，房产可纳入投资组合，如果把家中大部分流动资金押在房产投资上实属不理智。比如有一对年轻夫妻，两个人合计年收入10万，手里攒了20万，如果是买房的话按照70万一套房，首付20万，其余部分贷20年，每月要还3600多元。买房的代价就是手边没什么钱，每月现金流锐减36%，生活水准明显下降。在小两口收入有明显提高或还清贷款前，生活将始终被动。如果先拿出20万投资于合理的基金或基金组合，当期限不少于两年的时候，每年的收益可以达到10%（股票基金的平均收益水平高于这个数），如果租住那套70万的房的话，应该可以把租金控制在每月2000元以内，比每月按揭少支付1600多元。按此计算，第七年的时候，就有50万余元的资产可用。

在投资房产时，也要全面评估投资回报率，对以租养房的房产，应对其周边租金行情有充分的了解，包括是否有稳定承租人，周围市政规划等。同时，按揭贷款要具备稳定的还款来源，租金收入不能作为主要还款来源，并结合自身收入情况，选择适宜的还款方式。总之，投资是提高生活水平的途径，如果因为投资而降低了现有的生活质量未免有些本末倒置。

No!

交易活跃的权证值得投资

权证的流动性是权证投资者必须要考虑的因素之一。流动性差的权证买卖的冲击成本较高，权证的价格波动幅度也比较大，权证投资者的风险也就大。但流动性高、交易活跃的权证也并不一定值得投资。因为交易活跃的权证背后很可能是某些投机者为赚取暴利而制造的圈套，从而使大批中小投资者蒙受损失。因此，换手率只是判断走势的一个指标而已，绝不是万能灵药。

换手率是反映权证流动性的一个重要指标。通常是指在一定时间内市场中权证买卖的频率。日换手率就是一天内权证的成交总量与流通总量的比值再乘以100%。换手率越高，投资者买卖该权证的意愿越高，该权证的流动性越好，进出市场越容易，冲击成本越低，变现能力越强。

不过，不能简单地认为权证换手率高，流动性好，就一定值得投资。我们知道，权证实行T+0交易，当天买入的权证当天可以卖出，而且没有次数限制，这样权证的换手率一般都会比较高，招商银行认沽权证的日换手率曾高达1008%。但这些成交量并不一定能代表真正意义的换手，因为少量的资金就可以制造大量的成交，市场中权证投资者的真实参与程度并不能简单地从换手率中得到证实，交易活跃的权证背后可能有浓厚的市场投机气氛。

因此，投资者一定要注意，交易活跃的权证并不一定值得投资，并要坚决避免参与无价值或深度价外的认沽权证的投机炒作，这才是避免损失的根本。